D1720027

Olga Puzankova

Kündigungsform als Demarketingmaßnahme

Ihre Wirkung auf das Verhalten
potenzieller Neukunden

Diplomica Verlag GmbH

Puzankova, Olga: Kündigungsform als Demarketingmaßnahme: Ihre Wirkung auf das Verhalten potenzieller Neukunden, Hamburg, Diplomica Verlag GmbH 2013

Buch-ISBN: 978-3-8428-5479-6
PDF-eBook-ISBN: 978-3-8428-0479-1
Druck/Herstellung: Diplomica® Verlag GmbH, Hamburg, 2013

Bibliografische Information der Deutschen Nationalbibliothek:
Die Deutsche Nationalbibliothek verzeichnet diese Publikation in der Deutschen
Nationalbibliografie; detaillierte bibliografische Daten sind im Internet über
http://dnb.d-nb.de abrufbar.

© Diplomica Verlag GmbH
Hermannstal 119k, 22119 Hamburg
http://www.diplomica-verlag.de, Hamburg 2013
Printed in Germany

I. Inhaltsverzeichnis

II. Abbildungsverzeichnis

III. Tabellenverzeichnis

IV. Abkürzungsverzeichnis

C/D-Paradigma	Confirmation/Disconfirmation-Paradigma
CES	Consumer Ethics Scale
H	Hypothese
PT	Prospekt-Theorie
TAM	Technology Acceptance Model
TPB	Theory of Planned Behaviour
TRA	Theory of Reasoned Action
UCB	Unethisches Konsumentenverhalten

1 Einführung

In der heutigen Zeit rückt das Problem der Entbindung nicht rentabler und unerwünschter Kunden - auch Demarketing genannt - in den Mittelpunkt fast aller Dienstleistungsunternehmen. So kündigte im April 2010 der Energieversorger E.ON Hanse die alten Verträge für mehrere tausend seiner Gaskunden. Der Grund lag darin, dass die Verträge eine Preisanpassungsklausel enthielten und somit der Preis durch E.ON Hanse nie wieder hätte erhöht werden können. Der einzige Weg für den Anbieter, diese Verträge loszuwerden, bestand darin, den Altkunden zu kündigen. Der Gasversorger bot den betroffenen Kunden neue Verträge sowie einen Bonus von 80 Euro an, wenn sie einen neuen Vertrag abschließen würden.

In einem solchen Fall veranlasst der Anbieter die Beziehungsbeendigung, während der Kunde selbst keine Auflösung der Geschäftsbeziehung wünscht (Lucco, 2008, S. 95). Aufgrund der möglichen negativen Auswirkungen wird die Beendigung der unerwünschten Geschäftsbeziehungen zu einem komplizierten Verfahren. Die Kündigungsmaßnahmen müssen also so ablaufen, dass sich keine negativen Effekte auf die potenziellen Neukunden ergeben. So kann auf der einen Seite die negative Mundwerbung der ausgeschiedenen Kunden auf die potenziellen Neukunden durchaus abschreckend wirken (Haas/Ivens, 2005; S.209). Auf der anderen Seite kann durch die Kündigung mit monetärer Kompensation unethisches Ausnutzungsverhalten der anderen Kunden ausgelöst werden. Beispielsweise telefoniert der Neukunde absichtlich viel, um durch das Unternehmen gekündigt zu werden und einen Bonus als Entschädigung zu erhalten. Insofern ist für das Kundenmanagement die Wahl der Maßnahmen zur Entbindung der unprofitablen Kundenbeziehungen - Demarketingmaßnahmen genannt - von besonders großer Bedeutung.

Erst seit Ende der 1990er Jahre wurde die anbieterseitige Kündigung der Geschäftsbeziehungen als Forschungsaspekt im Rahmen der Kundenbeziehungen innerhalb des Relationship Marketings aufgenommen (Alajoutsijärvi et al., 2000; Tomczak et al., 2000; Finsterwalder, 2002; Günter/Helm, 2003; Lucco, 2008). Der Begriff des Demarketings, der auch unter den Synonymen Exit-Marketing (Bruhn, 2009, S.96), Kundenausgrenzung (Stauss, 1997; Tomczak et al., 2000) und Kundenentbindung, „disengagement", „dissolution management" (Alajoutsijärvi et al., 2000, S. 1271; Pressey/Mathews 2003; Helm et al., 2006) bekannt ist, wurde zum ersten Mal von Kotler/Levy (1971) geprägt. Sie beschreiben Demarketing wie folgt: "De-Marketing is that aspect of marketing that deals with discouraging customers in general or a certain class of customer in particular on either a temporary or permanent basis" (Kotler/Levy, 1971, S. 74).

In der wissenschaftlichen Literatur ist das Thema des Einflusses der Kündigungsmaßnahmen auf das Verhalten der potenziellen Neukunden kaum erforscht. Die Schwierigkeit einer Forschungsanalyse in diesem Bereich besteht darin, dass der Zusammenhang zwischen der Entbindung der unerwünschten Geschäftsbeziehungen und dem Verhalten der potenziellen Neukunden oder Demarketingbeobachter in der Praxis schwer nachzuverfolgen ist. Insofern sind in der Literatur keine Methoden zur Messung der Auswirkungen der Kündigung und insbesondere der direkten moderierenden Effekte der unterschiedlichen Kompensationsformen auf das Verhalten potenzieller Neukunden entwickelt worden.

In vorliegender Studie konzentrieren wir uns auf die Demarketingbeobachter und ihr Verhalten im Kaufprozess, sowie ihre Reaktionen auf die Kompensationsformen bei der Kündigung der unerwünschten Kunden. Die Entbindung der unerwünschten Kunden wird in dieser Studie als Folge der Fehlkalkulation eines Unternehmens betrachtet. Deswegen werden die in der Literatur bekannten Methoden zur Messung der Auswirkungen des Leistungsausfalls *(Service Failure)* angewendet und auf die Messung des Einflusses der Kündigung und Kompensation übertragen.

Das Ziel dieser Studie besteht darin, die Besonderheiten und mögliche Folgen des Einsatzes der Demarketingmaßnahmen bei den unprofitablen Kundenbeziehungen zu erklären und auf ihre einzelne Auswirkungen auf das Verhalten und Zufriedenheit potenzieller Neukunden empirisch zu untersuchen. Die empirischen Ergebnisse der vorliegenden Studie haben die Vermutung bestätigt, dass die unterschiedlichen Kündigungsformen das Verhalten und Zufriedenheit der Demarketingbeobachter determiniert. So stoßen die Kompensationsformen Entschuldigung, monetäre Kompensation und Überkompensation unterschiedliche Reaktionen bei den Probanden an. Es wurde festgestellt, dass die geringe monetäre Kompensation bei der Kündigung der unprofitablen Kunden effizienter als eine Überkompensation auf die Zufriedenheit der potenziellen Neukunden auswirkt. Die einfache Kompensation in Form eines Entschuldigungsbriefes verringert dagegen das Ausnutzungsverhalten der Demarketingbeobachter.

Um einen Einblick in das Thema zu bekommen, wird zuerst im zweiten Kapitel eine Einordnung des unethischen Konsumentenverhaltens (UCB *unethical consumer behaviour*) im Bereich Kundenmanagement beschrieben sowie eine Übersicht für die Problematik gegeben.

Im nachfolgenden Kapitel erfolgt zunächst ein Überblick über die unterschiedlichen Methoden zur Messung des UCB, wobei auf zwei Ansätze ausführlicher eingegangen wird. Hieran schließt sich im dritten Kapitel die Methode der Prospekt-Theorie und ihre Übertragung von *Service Failure* auf die Auswirkung der Demarketingmaßnahmen. Im explorativen Teil der Studie (Kap. 4) werden die abgeleiteten Forschungshypothesen anhand der empirischen Analysen basierend auf drei Theorien überprüft. Die Untersuchungsergebnisse werden anschließend interpretiert und zusammengefasst. Abschließend werden in Kapitel 5 die Implikationen für das Management beschrieben und die Relevanz dieses Themas für weitere Forschungen unterstrichen. Im Fazit werden die wichtigsten Ergebnisse der Untersuchung kurz zusammengefasst.

2 Methoden zur Messung des unerwünschten Kundenverhaltens

Im vorliegenden Abschnitt wird der Überblick über die theoretischen und empirischen Grundlagen von unethischem Konsumentenverhalten gegeben, sowie das Instrumentarium zur Messung von unethischem Kundenverhalten dargestellt und auf zwei in der empirischen Untersuchung meist verbreiteten Verfahren näher eingegangen. Außerdem werden die Besonderheiten, die bei der UCB-Messung vorkommen können, erläutert.

2.1 Stand der Forschung des unethischen Kundenverhaltens

Die aktuellen Studien aus dem Dienstleistungssektor zeigen, dass sicher nicht alle Kunden sich gegenüber einem Unternehmen ethisch verhalten (Callen/Ownbey, 2003; Babakus et al, 2004; d'Astous/Legendre, 2009). Der zunehmende Wettbewerb und steigende Qualitätsstandards tragen dazu bei, dass die Erwartungen von Kunden ständig wachsen. Insbesondere die Dienstlesitungsbranche ist durch das unerwünschte Kundenverhalten ausgeprägt.

In der wissenschaftlichen Literatur existiert eine Vielzahl von verschiedenen Begriffen von den Kunden, die sich unethisch oder unehrlich gegenüber dem Unternehmen verhalten, um ihr Eigennutzen zu erhöhen: „aberrant consumers" (Mills/Bonoma, 1979), „jaycustomer" (Lovelock, 1994), „problem customers" (Bitner, 1994), „misbehaving consumers" (Fullerton/Punj, 1997), „dysfunctional customers" (Harris/Reynolds, 2003). Diese Begriffe umfassen verschiedene Ausprägungen von taktlosem Verhalten bis zu extremen Formen von kriminellen Sachbeschädigungen. Viele empirische Studien fokussieren sich auf verschiedene Arten des UCB wie beispielsweise „deshopping behaviour" (Zabriskie, 1972; Jolson, 1974; Schmidt et al., 1999; Piron/Young, 2000, King, 2004; King et al., 2007), „fraudulent behaviour" (Wilkes, 1978; Cole, 1989), „deviant customer behavior" (Mills/Bonoma, 1979; Fullerton/ Punj, 2004; Grove et al., 2004), sowie „unethical consumer behaviour" (Holbrook, 1994; Mick, 1996; Van Kenhove et al., 2003; Mitchell et al., 2008). Die Autoren versuchten in ihren Arbeiten, die möglichen Ursachen des unethischen Konsumentenverhaltens herauszufinden. Tabelle 1 stellt in einer Übersicht Unterschiede zwischen den inhaltlichen Definitionssätzen, den zugrundelegenden Theorien, sowie den Variablen des UCB dar.

Begriff	Inhaltlicher Definitionssatz	Autoren	Stichprobe	Theoretische Untersuchung	Empirische Untersuchung	Theorie zur Messung	Methoden zur Messung		Gründe des unethischen Verhaltens					
							Qualitative Methode	Quantitative Methode	Geschlecht	Alter	Einstellungen	Beruf	Ethische Einstellung	Sonstige
Deviant consumer behavior	*Das Verhalten der Verbraucher, das in Konflikt mit den gesellschaftlichen Normen steht.*	Mills/Bonoma 1979			X	A power-context interaction theory of Bonoma		X	X					Unternehmensimage Promotions
		Fullerton/Punj, 2004		X										Unerfüllte Hoffnungen Provokative Situationen
		Grove et al., 2004		X										Kundenklassifikation
Deshopping behaviour	*Absichtliche Rückgabe der einwandfreien Ware nach dem Verbrauch.*	Zabriskie, 1972	Personen mit Beschwerden in einem Einkaufszentrum		X			X						Hohe Erwartungsvorstellungen über das Produkt
		Jolson, 1974	Umfrage von Käufern eines Supermarkets		X	Self-report method		X	X	X				Rasse Einkommen
		Schmidt et al., 1999	332 Personen (deshoppers)		X		X	X	X	X				Rechtfertigung Neuheit des Produktes
		Piron/ Young, 2000	310 bachelor Studenten an der Universität		X		X	X	X		X			Einkommen
		King et al., 2007			X	TPB		X			X		X	SN, Emotionen

Kategorie	Definition	Studie	Stichprobe		Theorie / Methode						Weitere Konstrukte
Fraudulent behaviour	*Unerhliches Verhalten, shoplifting – Ladendiebstahl, betrügerische Aktivitäten.*	Wilkes, 1978	Befragung von Hausfrauen mit dem mittleren Einkommen	X	Howard-Harris cluster program			X	x	X	Wahrgenommenes Risiko erwischt zu werden
Dysfunctional/aberrant customer behaviour	*Absichtliches oder unabsichtliches Kundenverhalten, das für das Unternehmen, seine Mitarbeiter und Kunden Schaden verursacht.*	Cole, 1989	Schriftliche Befragung der Studenten	X	Deterrence theory		X	X	X	x	
		Bitner et al., 1994	774 Mitarbeiter aus Dienstleistungsbereich: Hotels, Restaurants und Luftfahrtindustrie	X	Attribution theory	X	X	X	X		
		Fullerton/Punj 1997		X	Labeling theory						
		Harris/ Ogbonna, 2002	182 ausführliche Interviews aus der Hotelbranche	X	Feldinterview Extant theory	X	X	X	X	x	Arbeitsmarktsituation
Unethical consumer behavior	*Direkte oder indirekte Verbraucheraktivitäten, die Organisationen oder andere Verbraucher Verluste schaffen.*	Mick, 1996	266 Befragungen von überwiegend Erwachsenen Verbrauchern durchgeführt von 54 Marketingstudenten	X	Socially desirable responding theory	X		X			Materialismus
		Van Kenhove et al., 2003	359 belgische Haushalte	X	Ethical scale Exit-Voice-Loyalty Model	X	X	X	X		Kundentreue Affektive Verbindung/Bindung
		Mitchell et al., 2008	763 Einkäufer aus der Metropole einer der vier Länder	X	Ethical scale Latent class analysis	X	X	X	X	X	Herkunft: USA, Großbritannien, Frankreich, Österreich

Tabelle 1: Überblick über empirische Studien zu unethischem Konsumentenverhalten
Quelle: Eigene Darstellung

Die Zusammenfassung der theoretischen und empirischen Studien, die sich mit der Problematik des unethischen Konsumentenverhaltens auseinandergesetzt haben, zeigt die Begriffsunterschiede sowie die Faktoren, die das fragliche Verhalten der Kunden beeinflussen können. Wie es aus der Tabelle 1 ersichtlich wird, stellt die neutrale und übergreifende Definition des *unethical consumer behavior* einen Oberbegriff für eine Vielzahl unterschiedlicher Definitionssätze dar. Darüber hinaus betrachten die dargestellten Studien zum unethischen Konsumentenverhalten neben den demografischen Einflussgrößen wie Alter, Geschlecht und Beruf, auch eine für die Analyse wichtige Variable - ethische Einstellungen (*ethical beliefs*). Dementsprechend wird in dieser Studie der Begriff des unethischen Konsumentenverhaltens verwendet.

Das unethische Konsumentenverhalten zeigt sich in fragwürdigem Verhalten von Kunden (besonders oft im Einzelhandel), indem ein Verbraucher die Situation zu eigenem Vorteil und gleichzeitig zu dem Nachteil eines Unternehmen oder anderen Kunden ausnutzt. Dazu gehören solche alltägliche Betrüge von der Verbraucherseite wie Ladendiebstahl, Preisschildänderungen, Rückgabe der Ware, ohne dass diese Mängel aufweist, Kopieren von CDs und Videospiele. Es sind nur einige Beispiele des breiten Spektrums des ethisch fragwürdigen Konsumentenverhaltens. Diese negative Seite des Konsumentenverhaltens stellt ein neues wichtiges Thema in der Verbraucherforschung dar. Seit den ersten Studien von Muncy und Vitell (Muncy/Vitell, 1992; Vitell/Muncy, 1992) über die Konsumentenethik ist eine Vielzahl an Studien zu unethischem Konsumentenverhalten erschienen (vgl. Holbrook, 1994; Mick, 1996). Zusammenfassend lässt sich festhalten, dass das UCB im täglichen Leben weit verbreitetes Ereignis ist und für die Wirtschaft nichttriviale Folgen hat. Deshalb ist das Thema der Konsumentenethik für heutige Marketingmanager von hoher Relevanz (Chan et al., 1998, S.1163).

Zum besseren Verständnis ethischen Handelns wurden in der Theorie unterschiedliche Modelle und Ansätze entwickelt, welche einen variierenden Komplexitäts-, Abstraktions- und Erklärungsgrad besitzen. Im Folgenden soll das Basismodell ethischen Handelns dargestellt werden, um ein Verständnis für den Prozess und potenzielle Einflussgrößen auf ein ethisches Handeln zu generieren.

Die meisten verhaltenswissenschaftlichen Modelle beinhalten fünf wichtige Komponenten (Rest, 1986): Wahrnehmung eines ethischen Problems, Stufe der kognitiven Moralentwicklung, moralische Bewertung, Intentionen und Handlungen (Ferrell/Gresham, 1985; Hunt/

Vitell, 1986; 1991; Trevino, 1986). Für die Erklärung ethischen Marketinghandels zeigt die Abbildung 1 ein entsprechendes Modell von Ferrell et al. (1989).

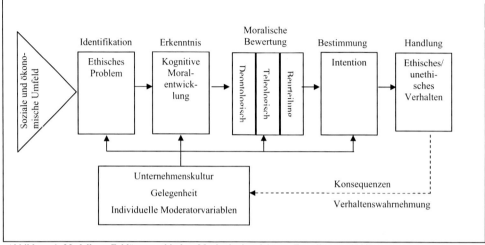

Abbildung 1: Modell zur Erklärung ethischen Marketinghandels von Ferrell et al. (1989)
Quelle: Eigene Darstellung und Übersetzung in Anlehnung an Ferrell et al. 1989

Dieses Modell beschreibt alle grundlegenden Stufen des Entscheidungstreffens von der Wahrnehmung über Suche und Bewertung bis zur Auswahl und Ergebnis (Ferrell et al., 1989, S. 61).

Der Prozess fängt immer mit der Identifikation eines ethischen Problems (*Ethical Issue*) an, die Wahrnehmung des Konflikts, der aus der sozialen und ökonomischen Umwelt entsteht. Auf der Stufe der kognitiven Moralentwicklung (*Stage of Cognitive Moral Development*) akzeptiert ein Individuum das Problem als ethisches Problem. Dabei wird angenommen, dass ein Individuum mit einer höheren kognitiven Moralentwicklungsstufe schneller das ethische Problem anerkennt und darauf entsprechend reagiert, als derjenige mit einer niedrigen Stufe. Dieses Modell zeigt, dass die Stufe der Moralentwicklung einen direkten Einfluss darauf hat, wie sich ein Individuum mit dem ethischen Problem auseinandersetzt (Ferrell et al., 1989, S. 61).

Der nächste Bestandteil des Modells ist die moralische Evaluation bzw. Bewertung (*Deontological, Teleological Judgements*). Eine moralische Bewertung wird auf Basis deontologischer und teleologischer Begründungen gebildet (Ferrell et al., 1989, S. 61). Als nächster Prozessschritt sind Intentionen und Handlungen, die zu einem ethischen oder unethischen Verhalten führen (*Intentions & Actions leading to ethical or unethical behavior*), zu nennen.

Unter der Intention verstehen die Autoren individuelle, subjektive Wahrscheinlichkeit einer Einstellung gegenüber dem bestimmten Verhalten. Diese Verhaltenseinstellung wird durch den individuellen Glauben beeinflusst, der aus moralischer Bewertung des ethischen Problems und aus Wahrnehmung der möglichen Konsequenzen entsteht (Ferrell et al., 1989, S. 61). Der letzte Schritt ist die Auswirkung der Handlungen auf die Unternehmenskultur (*Organizational Culture*), Gelegenheit (*Opportunity*) und die individuellen Moderatorvariablen (*Individual Moderators*). Diese nehmen wiederum Einfluss auf alle fünf Stufen ethischen Marketinghandels (s. Abbildung 1).

Im Prinzip beschreibt dieses ethische Entscheidungsmodell das Verfahren der ethischen Beurteilungen einer Einzelperson, wie etwa „ was ist richtig oder falsch in dieser Situation" (Trevino, 1986, S. 602) und anschließend das Verhalten aufgrund dieser Beurteilung.

In der vorliegenden Studie sind die ethische Einstellungen der Konsumenten und das daraus ergebende ethische oder unethische Verhalten der Demarketingbeobachter von besonderem Interesse. Die Messungsmethode, die in den empirischen Studien aus der Kundenethik von Vitell und Muncy (Muncy /Vitell, 1992; Vitell/Muncy, 1992) erfunden wurde, lässt sich gut für die beschriebene Situation anwenden. Dafür entwickelten die Autoren eine Konsumentenethikscala (CES *consumer ethics scale*), die den Wertebereich bestimmt, in welchem die Konsumenten ein bestimmtes fragwürdiges Verhalten als ethisch oder unethisch empfinden.

Um das Phänomen des UCB und den Aspekt der Konsumentenethik in Verbindung zu setzen, wird auf die Konsumentenethikskala und Messungsmethode der ethischen Einstellungen von Muncy und Vitell (1992) im nächsten Kapitel näher eingegangen. Im Rahmen des CES wird das Modell des unethischen Verhaltens erläutert und daraufhin auf die Situation bei der Messung des unethischen Verhaltens der Demarketingbeobachter in Abhängigkeit von unterschiedlichen Kündigungsformen übertragen. Anschließend werden daraus ergebende Hypothesen formuliert.

2.2   Ethische Einstellungen der Konsumenten (consumer ethical beliefs)

Die Konsumentenethik ist als moralische Prinzipien und Normen, die das Verhalten einer Einzelperson oder einer Konsumentengruppe beim Erwerb, der Nutzung und der Entsorgung von Waren und Dienstleistungen bestimmen, definiert (Muncy/Vitell, 1992, S. 298). Zur Messung der Konsumentenethik verwenden viele Studien zum Thema des UCB die Konsumentenethikskala von Muncy und Vitell (1992) dar (Van Kenhove et al., 2003; Babakus et al., 2004; Kavak et al., 2009; Mitchell et al., 2009): Das CES hat sich mehrmals als zuverlässig und valide erwiesen, nicht nur innerhalb einer Kultur (Muncy & Vitell, 1992; Rallapalli et al.,

1994; Rawwas, 1996), sondern auch interkulturell (Al-Khatib et al., 1995; Al-Khatib et al., 1997; Al-Khatib et al., 2004; Al-Khatib et al., 2005; Chan et al., 1998; Erffmeyer et al., 1999; Rawwas et al., 1994; Rawwas et al., 2005; Swaidan,et al., 2003; Swaidan et al., 2006; Vitell et al., 1991; Vitell/Paolillo, 2003; Vitell et al., 2006). Beispielsweise, Al-Khatib et al. (2004) wenden das CES von Muncy und Vitell auf die rumänischen Verbraucher an. Rawwas et al. (2005) vergleichen mit Hilfe von CES die ethischen Einstellungen der amerikanischen und türkischen Konsumenten. Swaidan et al. (2003) untersuchen die ethischen Überzeugungen der Afro-Amerikaner.

Diese Konsumentenethikskala wurde anhand einer Stichprobe von 569 Haushalten in den USA von Muncy und Vitell entwickelt. Sie enthält Fragen über die Gewohnheiten der Verbraucher, die ethische Konsequenzen für die Gesellschaft haben. Das CES stellt eine Vierfaktorenstruktur der ethischen Einstellungen dar (vgl. Tabelle 2), die darauf hinweist, dass das ethische Urteil eines Verbrauchers von drei wichtigen Komponenten abhängt:

1. Ob der Verbraucher aktiv oder passiv den Vorteil angestrebt hat
2. Ob die Aktivität als illegal angesehen werden kann
3. Dem Grad des wahrgenommenen Schadens gegenüber dem Verkäufer.

Die Autoren haben herausgefunden, dass die ethischen Konsumeneneinstellungen, die anschließend das Verhalten der Kunden beeinflussen, in vier Kategorien eingeteilt werden können: 1) aktives Profitieren durch rechtswidrige Tätigkeit (*actively benefiting from illegal activities*) – beispielsweise, Preisschildänderung an den Waren im Geschäft 2) passives Profitieren auf Kosten der anderen (*passively benefiting at the expense of others*) - wie etwa, falsche Angaben zu dem Kindesalter anzugeben, um einen niedrigen Preis zu bekommen 3) aktives Profitieren durch fragwürdiges Verhalten (*actively benefiting from questionable practices*) – z. B. Einlösen eines abgelaufenen Gutscheins gegen Ware 4) kein Schaden/ kein Betrug (*no harm/no foul*) - z.B. Verwenden der Computer- Software oder -Spiele, die man nicht gekauft hat (Vitell / Muncy, 1992).

Laut dieser Klassifikation erklärt die erste Kategorie das Verhalten, das durch einen Konsumenten initiiert und von ihm als rechtswidrig wahrgenommen wird. Die zweite Dimension beinhaltet die Situation, bei der ein Konsument durch den Service- oder Verkäuferfehler passiv profitiert. Das Verhalten in der dritten Kategorie ist zwar auch durch einen Kunden initiiert, dennoch von ihm als rechtswidrig nicht wahrgenommen wird, auch wenn es aus der moralischen Sicht eher fragwürdig ist. Die letzte vierte Kategorie beschreibt das Verhalten, das ein Konsument als harmlos oder wenig schädigend wahrnimmt.

Vier Faktoren der ethischen Konsumenteneinstellungen nach Muncy und Vitell (1992)	
Actively benefiting from an illegal activity	**Von einer rechtswidrigen Tätigkeiten aktiv profitieren**
Changing price tags on merchandise in a retail store	Preisschildänderung an den Waren im Geschäft
Drinking a can of soda in a supermarket without paying for it	In einem Supermarkt eine Flasche Limonade zu trinken, ohne dafür zu bezahlen
Reporting a lost item as 'stolen' to an insurance company in order to collect the money	Den verlorenen Gegenstand als "gestohlen" melden, um das Geld von einer Versicherungsgesellschaft zu kassieren
Giving misleading price information to a clerk for an unpriced item	Falsche Preisangabe bei der Kasse für die Ware mit fehlendem Preisschild machen
Returning damaged merchandise when the damage is your own fault	Die beschädigte Ware zurückbringen, wobei der Schaden eigene Schuld war
Passively benefiting at the expense of others	**Auf Kosten der anderen passiv profitieren**
Getting too much change and not saying anything	Zu viel Wechselgeld bekommen und nichts davon sagen
Lying about a child's age in order to get a lower price	Falsche Angaben zu dem Kindesalter machen, um einen niedrigen Preis zu bekommen[1]
Not saying anything when the waitress miscalculates the bill in your favor	Nichts sagen, wenn sich die Kellnerin zu Ihrem Vorteil verrechnet
Actively benefiting from a questionable behavior	**Von einem fragwürdigen Verhalten aktiv profitieren**
Returning merchandise to a store by claiming that it was a gift when it was not	Rückgabe einer Ware im Geschäft mit der Begründung, dass es ein Geschenk war, obwohl es keins war
Stretching the truth on an income tax return	Bei der Einkommenserklärung nicht alles angeben
Using an expired coupon for merchandise	Einen abgelaufenen Gutschein gegen Ware einlösen
Not telling the truth when negotiating the price of a new automobile	Beim Autoverkauf nicht die ganze Wahrheit angeben, weil dies den Verkaufspreis negativ beeinflussen würde
No harm, no foul	**Kein Schaden, kein Betrug**
Using computer software or games that you did not buy	Computer -Software oder -Spiele verwenden, die Sie nicht gekauft haben
Recording an album instead of buying it	Ein Album brennen, statt es zu kaufen
Spending over two hours trying on different dresses and not purchasing any	Mehr als zwei Stunden verschiedene Kleider anprobieren und keins davon kaufen
Returning merchandise after trying it and not liking it	Ware zurückzubringen, die Sie anprobiert und festgestellt haben, dass sie Ihnen doch nicht gefällt
Joining a record club just to get some free records without any intention of buying records	In einen CD-Club einzutreten, um einige CDs kostenlos zu bekommen, ohne die Absicht zu haben, weitere CDs zu kaufen

Tabelle 2: Vierfaktorielle Struktur der ethischen Konsumenteneinstellungen
Quelle: Eigene Übersetzung, in Anlehnung an Muncy/Vitell, 1992, S. 304

Die empirischen Untersuchungen haben gezeigt, dass die Konsumenten aktives Profitieren durch rechtswidrige Tätigkeiten viel mehr unethischer als passives Profitieren einschätzen (Muncy/Vitell, 1992). Vermutlich überlegen sich die Verbraucher, dass solange sie keine Aktivität initiiert haben, kann ihr Verhalten nicht unethisch sein. Allerdings, war fragwürdiges Verhalten auch als unethisch nicht wahrgenommen. Diese Befunde führen zur Schlussfolgerung, dass die Konsumenten die Unrichtigkeit eher mit was Rechtswidrigem als mit der passiven vs. aktiven Trennung gleichsetzen. Weiterhin wurden einige Aktivitäten, die keinen Schaden verursachen und keinen Betrug bedeuten, von den Konsumenten gar nicht als unethisch wahrgenommen, wie z. B. das Kopieren vom geistigen Eigentum wie Software, Filme oder Kassetten (Muncy/Vitell, 1992).

Die Abbildung 2 stellt ein Forschungsmodell des (un)-ethischen Konsumentenverhaltens in Abhängigkeit von vier Faktoren des CES, den demografischen Daten (Geschlecht, Alter) und den Einflussgrößen des Relationship Marketing (affektive Einstellungen, Kundenloyalität).

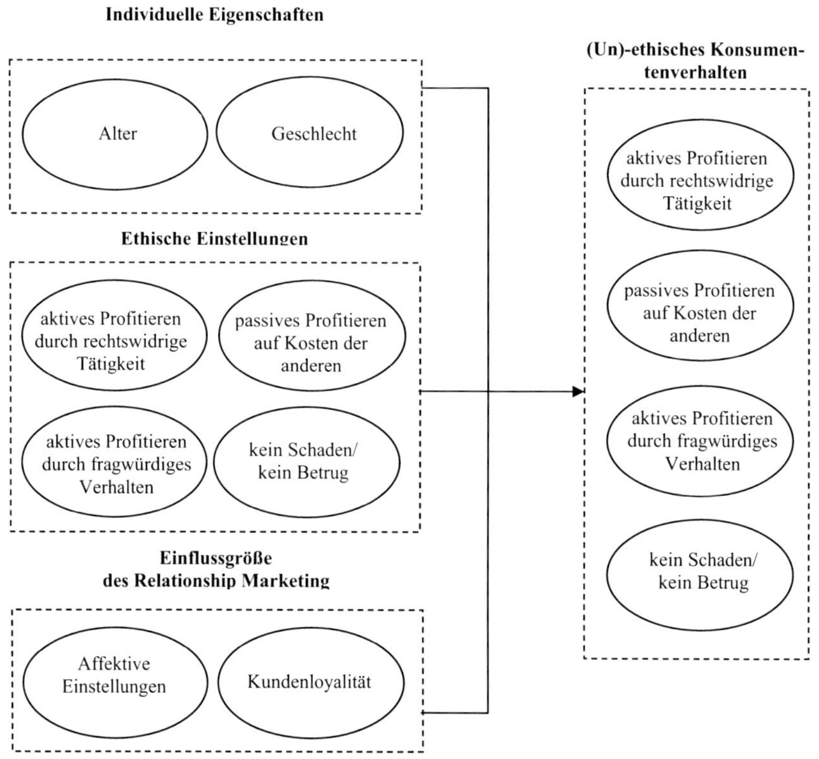

Abbildung 2: Das Forschungsmodell des UCB von Van Kenhove et al
Quelle: Eigene Übersetzung in Anlehnung an Van Kanhove et al. 2003, S. 265

Später haben Vitell und Muncy (2005) das CES durch Umformulierungen der vorhandenen und Aufnahme zusätzlicher Items modifiziert. Die neue Items lassen sich in drei verschiedene Themenbereiche einteilen: Herunterladen urheberrechtlich geschützten Materials, umweltfreundliche Recycling und wohltuende Aktivitäten. In Abhängigkeit vom Untersuchungsgegenstand wurden in den wissenschaftlichen Studien unterschiedliche Items ausgesucht und verwendet. Analog dazu wurden für die vorliegende empirische Untersuchung nur diejenige Items genommen, die das unethische Konsumentenverhalten beschreiben, das einerseits harmlos ist und keinen ersichtlichen Schaden zufügt, andererseits aber aus der ethischen Sicht fragwürdig ist. Somit sind für den empirischen Teil der vorliegenden Studie zwei Kategorien des CES besonders wichtig: aktives Profitieren durch fragwürdiges Verhalten und kein Schaden, kein Betrug.

Das Forschungsmodell von Van Kenhove et al. (2003) wurde für die Untersuchung der Demarketingsituation entsprechend modifiziert und ergänzt. Da nicht nur die ethischen Einstellungen der Konsumenten sondern auch die unterschiedlichen Kompensationsformen im Kündigungsfall einen Einfluss auf das UCB haben können, soll ihr moderierender Effekt im Modell berücksichtigt werden. Die Abbildung 3 zeigt das daraus ergebende Forschungsmodell.

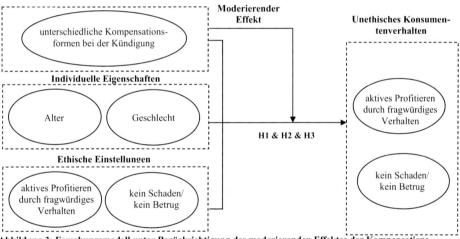

Abbildung 3: Forschungsmodell unter Berücksichtigung des moderierenden Effektes der Kompensationsformen
Quelle: Eigene Darstellung

In dem dargestellten Modell wird die zusätzliche Einflussvariable die unterschiedlichen Entschädigungsformen bei der Kündigung der unerwünschten Kunden manipuliert. Durch diese Manipulation kann vermutlich das unethische Verhalten der Demarketingbeobachter gegenüber dem Unternehmen beeinflusst werden. Entsprechend wird die erste Hypothese formuliert:

13

H1: Das unethische Verhalten der Demarketingbeobachter wird durch die Kompensations-form bei der Kündigung unprofitabler Kundenbeziehungen beeinflusst.

Weiterhin wird überprüft ob die ethischen Einstellungen, sowie demografische Daten einen Einfluss auf das unethische Konsumentenverhalten haben. Dabei ist der Moderatoreffekt der Variable die Entschädigungsform zu berücksichtigen. Somit lassen sich folgende Hypothesen formulieren:

H2: Das unethische Verhalten der Demarketingbeobachter wird durch ihre allgemeinen ethischen Einstellungen beeinflusst.

H3a: Das unethische Verhalten der Demarketingbeobachter wird durch die demografischen Daten (Geschlecht) beeinflusst.

H3b: Das unethische Verhalten der Demarketingbeobachter wird durch die demografischen Daten (Alter) beeinflusst.

Um die abgeleiteten Hypothesen empirisch zu untersuchen, wird im Rahmen einer experi-mentellen Analyse auf die Operationalisierung der Variable UCB näher eingegangen. Dabei werden die Einflussfaktoren dieser Variable betrachtet, sowie die Manipulation der unter-schiedlichen Kündigungsformen unprofitabler Kundenbeziehungen beschrieben.

2.3 Einstellungs-Verhaltens Theorien

Die anderen Theorien zur Überprüfung Einstellungs-Verhaltens-Relation, die in der Sozial-psychologie am häufigsten angewendet und empirisch mehrmals getestet wurden, sind die Theorie des überlegten Handelns (TRA *Theory of Reasoned Action*) von Fishbein & Ajzen (1975) und ihre Weiterentwicklung, die Theorie des geplanten Verhaltens (TPB *Theory of Planned Behavior*) von Ajzen (1985).

Nach der Darstellung der theoretischen Grundlagen beider Theorien wird auf das TPB Modell näher eingegangen. In der vorliegenden Studie wird die TPB zur Analyse der Demarketingsi-tuation unter Berücksichtigung der unterschiedlichen Kündigungsformen herangezogen und zur Messung des Ausnutzungsverhaltens der potenziellen Neukunden angewandt.

Theorie des überlegten Handelns

Die Theorie des überlegten Handelns wurde von Ajzen und Fishbein (1980) entwickelt. Sie erklärt ein Verhalten, das durch eine Person vollständig bewusst ausgeführt wird. Der Kern dieser Theorie besteht darin, dass die Ausführung des Verhaltens eine direkte Folge der Verhaltensabsicht oder der Intention (*intention*) ist. Die Verhaltensabsicht stellt die subjektive

14

Wahrscheinlichkeit dar, mit der eine Person annimmt, ein bestimmtes Verhalten in der näheren Zukunft auszuüben (Jonas/Doll, 1996,S. 22). Diese Intention wird durch zwei voneinander unabhängige Faktoren beeinflusst: Einstellung eines Individuums gegenüber dem Verhalten (AT *attitude toward the behavior*) und subjektive Norm (SN *subjective norm*), die die Wahrnehmung des gesellschaftlichen Drucks wichtiger Bindungspersonen gegenüber diesem Verhalten beinhaltet (Ajzen/Fishbein, 1980, S. 6). Die Wahrscheinlichkeit, dass ein Individuum diese Handlung tatsächlich ausführt, steigt, je positiver die Einstellung gegenüber der Handlung ist und je stärker ein Individuum daran glaubt, dass die wichtigen Bezugspersonen, diese Handlung als positiv beurteilen. Abbildung 4 fasst die beschriebenen Zusammenhänge zusammen:

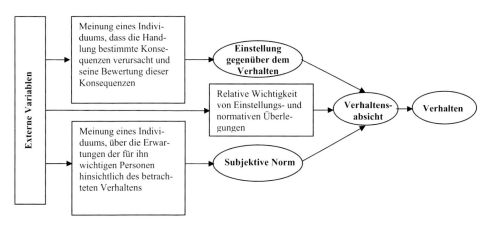

Abbildung 4: Strukturmodell der Theorie des überlegten Handelns
Quelle: In Anlehnung an Frey et al. 1993, S.368; Ajzen/Fishbein 1980, S. 84

Bei der Einstellung gegenüber dem Verhalten geht es darum, ob ein Individuum die Ausführung einer bestimmten Verhaltensweise als positiv oder negativ beurteilt (Ajzen/Fishbein, 1980, S. 54). So basiert die Einstellung gegenüber dem Kaufverhalten auf einer subjektiven Einschätzung der Kauf-Nutzungsrelation, die mit dem Objekt verbunden ist (Blackwell et al. 2001, S. 289; Eckes/Six, 1994, S. 255). Diese Größe ergibt sich aus der individuellen Abwägung aller möglichen Ergebnisse des geplanten Verhaltens und dessen Auftretenswahrscheinlichkeit. Wenn ein Individuum die positiven Konsequenzen bei der Ausführung eines bestimmten Verhaltens mit einer hohen Wahrscheinlichkeit einschätzt, entsteht eine positive Einstellung. Demgegenüber resultiert sich eine negative Einstellung aus der Einschätzung der höchstwahrscheinlich auftretenden negativen Folgen bei einer bestimmten Handlung (King et al., 2008, S. 190).

Die nächste Einflussdeterminante die subjektive Norm beinhaltet die Wahrnehmung des sozialen Drucks, die Ausführung einer bestimmten Handlung vorzunehmen oder darauf zu verzichten. Die SN hängt von den Meinungen und Erwartungen der für das handelnde Individuum wichtigen Bezugspersonen hinsichtlich des betrachteten Verhaltens ab.

Die TRA berücksichtigt auch solche externe Faktoren wie demografische Merkmale, Situationsumstände und persönliche Charakteristika. Sie beeinflussen das Verhalten nur indirekt, indem sie auf die Meinung eines Individuums über die Folgen eines bestimmten Verhaltens und auf die Meinung über die Erwartungen der Bezugsgruppen bezüglich des Verhaltens wirken (Frey et al., 1993, S. 370-371).

Die Anwendungsbereiche des TRA-Verhaltensmodells sind aber durch zwei Bedingungen eingeschränkt:

1. Die Kaufabsicht muss kurzfristig vor der Verhaltensausführung gemessen werden. Für Marketinguntersuchungen sind aber solche kurzfristige Prognosen des Kaufverhaltens kaum relevant. Obwohl die TRA in empirischen Studien mehrmals für unterschiedliche Verhaltenssituationen, wie z.B. Präsidentenwahlen, Gewichtsverminderung, Verhütungsmittelbenutzung, Blutspenden, Markenwahl, usw. überprüft und bewiesen wurde (vgl. Ajzen, 1988, S. 114 ff.), kann diese Theorie nur eingeschränkt angewendet werden.

2. Das Verhalten des Handelnden muss bewusst und unter seiner vollständigen Kontrolle ausgeführt werden. Somit kann die TRA auf das Verhalten, das die Kooperation anderer erfordert oder das durch externe und interne Faktoren beeinflusst wird, nicht angewendet werden. Die Handlungen müssen von der Person willentlich kontrolliert werden.

Letzter Kritikpunkt führte dazu, dass die TRA von Ajzen (1985, S. 30 f.) durch einen weiteren Faktor erweitert wurde und zu der Theorie des geplanten Verhaltens weiterentwickelt wurde.

Theorie des geplanten Verhaltens

Neben der Einstellung und der subjektiven Norm berücksichtigt die Theorie des geplanten Verhaltens eine weitere direkte Einflussdeterminante der Intention - die wahrgenommene Verhaltenskontrolle (PBC *perceived behavioral control*). Dieser Faktor erfasst nicht nur willentlich nicht kontrollierbare interne Umstände wie Selbstdisziplin, Wille, Gewohnheiten und Informationszustand einer Person, sondern auch externe Umstände, wie Kooperation mit anderen Personen, die Verfügbarkeit erforderlicher Hilfsmittel und die Möglichkeit der Verhaltensausführung (Nieschlag et al., 2002, S. 598; Frey et al., 1993, S. 381 ff.). Mit anderen Worten handelt es sich in diesem Konstrukt um die Überlegung einer handelnden Person wie leicht oder schwer für sie ist, das geplante Verhalten in der Wirklichkeit auszuüben (Lim/Dubinsky, 2005, S.836; Braunstein et al., 2005, S. 189; Bohner, 2002, S. 310; Yang-Wallentin et al., 2001, S. 406 ff.; Jonas/Doll, 1996, S. 21; Ajzen, 1991, S.183 ff.; Mathieson, 1991, S.176 f.). Weitere Einflussgröße der PBC ist die Menge an Ressourcen, Fertigkeiten und Handlungsmöglichkeiten einer Person, die sie besitzt oder zu besitzen glaubt.

Wie in Abbildung 5 dargestellt, beeinflussen sich die Variablen Einstellung, subjektive Norm und wahrgenommene Verhaltenskontrolle einander und wirken über die Verhaltensabsicht indirekt auf das beabsichtigte Verhalten. Somit wurde in der TPB der Grundsatz einer gegenseitigen Unabhängigkeit der Intentionsdeterminanten aufgegeben. Die Ergebnisse empirischer Untersuchungen beweisen, dass zwischen den Intentionsdeterminanten eine kausale Beziehung besteht (Liska, 1984, S.71 f.).

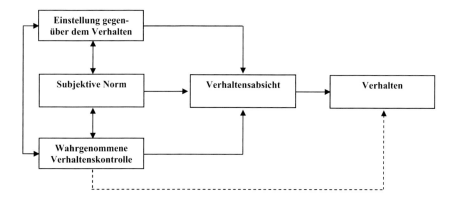

Abbildung 5: Strukturmodell der Theorie des geplanten Verhaltens
Quelle: In Anlehnung an Ajzen/Madden, 1986, S. 458.

Der Begriff der Verhandlungsabsicht wurde in diesem Modell inhaltlich geändert. Es handelt sich hier nicht mehr um die subjektive Wahrscheinlichkeit der erfolgreichen Verhaltensausführung, sondern vor allem um die Einsatzbereitschaft einer handelnden Person ein vorgesehenes Verhalten zu realisieren (Treber, 1999, S.24). Die TPB besagt: Je größer die PBC einer agierenden Person ist, desto stärker steigt die Intention, ein fragliches Verhalten auszuführen. Umgekehrt, wenn eine Person nicht überzeugt ist, ausreichend Fertigkeiten, Ressourcen oder

Handlungsmöglichkeiten zu besitzen, um das geplante Verhalten durchzuführen, wird sich keine Verhaltensabsicht entwickeln, auch wenn die Einstellung gegenüber dem bestimmten Verhalten positiv ist und die wichtigen Bezugspersonen dieses Verhalten gut finden (Braunstein et al., 2005, S.190; Ajzen/Madden, 1986, S.457 ff.). Hier geht es vor allem um die subjektive Einschätzung dieser Einflussvariablen durch die Person (Ajzen, 1988, S. 133).

Neben dem indirekten Einfluss der wahrgenommenen Verhaltenskontrolle auf das Verhalten über Intention existiert auch ein zusätzlicher direkter Effekt, der in bestimmten Situationen auftreten kann (Braunstein et al., 2005, S. 190; Ajzen/Madden, 1986, S. 458 ff.). In der Abbildung 5 ist dieser Zusammenhang mit der gestrichelten Pfeil dargestellt. Der direkte Einfluss entsteht nur dann, wenn wahrgenommene und tatsächliche Verhaltenskontrolle überwiegend übereinstimmen (Ajzen, 1991, S. 184). Im Grunde genommen entsteht ein direkter Zusammenhang nur zwischen der tatsächlichen Verhaltenskontrolle und dem Verhalten (Frey et al., 1993, S. 381; Bamberg/Lüdemann, 1996, S. 33 f).

Die TPB hat sich in zahlreichen Untersuchungen in Hinsicht auf unterschiedliche Verhaltensfälle wie Mülltrennung, Alkoholismus, Arbeitssuche, Deshopping bewährt und empirisch bewiesen (Bamberg/ Lüdemann, 1996; Plies/Schmidt, 1996). Trotz hohem empirischen Bestätigungsgrad der TPB, kritisiert Ajzen selbst (1991, S. 198) einige Punkte seiner Theorie. So bemängelt der Forscher die schwachen Verbindungen zwischen den Einflussvariablen (AT, SN und PBC) und den indirekten Faktoren (zugrunde liegenden Meinungen und Überzeugungen). Deswegen wurde die TPB von anderen Forschern mehrfach erweitert und modifiziert. So wurde in einigen Studien der Einfluss von Erfahrungen, die auf vergangenem Verhalten basieren, im Modell berücksichtigt (Bamberg/Lüdemann, 1996, S. 41; Eagly/ Chaiken, 1993, S. 178 ff.; Ouellette/Wood, 1998, S. 54). Ein anderes relevantes Konzept für die Prognose ausgeführten Verhaltens kann auch die Rollenidentität (z. B. beim wiederholten Verhalten wie Blutspenden) sein, die durch soziale Normen bestimmt wird (Doll et al., 2000, S. 8). Darüber hinaus mangelt es der TPB an solchen Einflussvariablen wie Gewohnheit und Automatisierung, die im Modell nicht berücksichtigt sind, aber für die Prognose bestimmter Verhaltensweisen relevant sein können. Einige Handlungen laufen automatisch und ohne Nachdenken über Verhaltenskonsequenzen (Schoser, 2001, S. 91; Sutton, 1998, S. 1332 f.; Jonas/Doll, 1996, S. 22; Ajzen/Fishbein, 1980, S. 5). Dies ist zum Beispiel der Fall bei dem Kaufverhalten, wo der Kunde sich oft automatisch für oder gegen Kauf entscheidet.

Zusammenfassend lässt sich festhalten, dass die Auswahl der Modellvariablen sowie ihre Operationalisierung für jede einzelne empirische Untersuchung neu angepasst werden soll (Gentry/Calantone, 2002, S. 955; Moore/Benbasat, 1996, S. 134; Mathieson, 1991, S. 178).

Da in der Forschungsliteratur bis heute kein TPB-Modell zur Analyse des Ausnutzungsverhaltens der potenziellen Neukunden bekannt ist, werden in der vorliegenden Studie entsprechende Anpassungen des TPB-Modells vorgenommen. So werden die TPB-Variablen eines besonders geeigneten Modells auf das Ausnutzungsverhalten der Demarketingbeobachter übertragen und zusätzlich auf die mögliche Auswirkung der unterschiedlichen Kündigungsformen überprüft. Somit besteht das Ziel der weiteren Ausführungen darin, ein auf theoretischen Überlegungen basierendes TPB-Modell festzustellen, das sich am besten auf das Ausnutzungsverhalten der potenziellen Neukunden übertragen lässt. Um das geeignete Modell und somit die entsprechenden Variablen für das zu entwickelnde Modell des TPB zu bestimmen, ist in der Tabelle 3 der Überblick über die empirischen Studien, die sich mit der Theorie des geplanten Verhaltens auseinandergesetzt haben, dargestellt.

Autor(en) Jahr	Gegenstand der Untersuchung	Konstrukte	Theorie, Datenbasis, Erhebungsmethode	Wichtige Ergebnisse
Wang et al. 2006	Mobile Dienste	Finanzielle Mittel (FM) Benutzungsfreundlichkeit (BF) Verhaltungsabsicht (VA) Glaubwürdigkeit (G) Nützlichkeit (N)	Technology Acceptance Model (TAM), TPB 258 Teilnehmer einer Messe in E-Commerce Schriftliche Befragung	N→VA, G→VA, FM→VA, BF→N, BF→G, G→N
Teo/Pok 2003	WAP-fähige Mobiltelefone	Benutzungsfreundlichkeit (BF) Relativer Vorteil (RV) Image (I) Kompatibilität (K) Risiko (R) Bezugsgruppen (BG) Mobilfunkanbieter(MA) Einstellung (E) Subjektive Norm (SN) Verhaltenskontrolle (VK) Verhaltensabsicht (VA)	TPB, Rogers-Kriterien 1012 Personen: Newsgroup (n=587) E-Mail (n=425)	RV→E, I→E, SN→VA, BP→VA Verhaltenskontrolle besitzt in keiner der beiden Gruppe signifikanten Einfluss auf das Verhaltensabsicht
Pedersen 2005	Mobile Internetdienste	Nützlichkeit (N) Benutzerfreundlichkeit (BF) Externe Einflüsse (EE) Interpersonelle Einflusse (IE) Selbstkontrolle (SK) Einstellung (E) Subjektive Norm (SN) Verhaltenskontrolle (VK) Verhaltensabsicht (VA) Verhalten(Nutzung) (V)	TAM, TPB 228 Personen Internetbefragung	VK→VA, N→E
Hung et al. 2002	WAP-basierte mobile Dienste	Nutzerzufriedenheit (NZ) Benutzungsfreundlichkeit (BF) Nützlichkeit (N) Anschlusskosten (AK) Externer Einfluss (EE) Interpersoneller Einfluss (I) Einstellung (E) Subjektive Norm (SN) Verhaltenskontrolle (VK) Verhaltensabsicht (VA) Verhalten (Nutzung) (V)	TPB 267 Personen Schriftliche Befragung	E→VA, SN→VA, NZ→V
Khalifa/Cheng 2002	Mobile Commerce	Erprobbarkeit (EP) Kommunikation (K) Beobachtbarkeit (B) Informationsstand (IS) Einstellung (E) Subjektive Norm (SN) Verhaltenskontrolle (VK) Verhaltensabsicht (VA)	TPB 202 Personen ohne Mobile Commerce-Nutzungserfahrung Schriftliche Befragung	EP→IS, K→IS, IS→VK, SN→VA
King et al. 2008	Deshopping	Einstellung (E) Subjektive Norm (SN) Verhaltenskontrolle (VK) Deshoppingverhalten (DV)	TPB 503 Personen Frauen Schriftliche Befragung	SN→DV, E→DV, VK→DV
King/Dennis 2006	Deshopping	Einstellung (E) Subjektive Norm (SN) Verhaltenskontrolle (VK)	TPB 535 Personen Interview	E→DV, SN→DV, VK→DV, VE→DV Verhaltensabsicht hat

		Vergangene Erfahrung (VE) Verhaltensabsicht (VA) Tatsächliche Kontrolle (TK) Deshoppingverhalten (DV)		nicht immer den signifikanten Einfluss auf Verhalten
Bhattacherjee 2000	Online Makler-geschäfte	Subjektive Norm (SN) Interpersoneller Einfluss (IE) Externer Einfluss (EE) Einstellung (E) Nützlichkeit (N) Benutzerfreundlichkeit (BF) Verhaltenskontrolle (VK) Selbstwirksamkeit (SW) Verhaltensabsicht VA	TPB	N→E, BF→E, IE→SN, EE→SN, SW→VK, E→VA, SN→VA, VK→VA
Tan and Teo (2000)	Internet-Banking	Relativer Vorteil (RV) Kompatibilität (K) Komplexität KP Überprüfbarkeit (Ü) Internet Erfahrung (IE) Bankgeschäfte (BG) Subjektive Norm (SN) Selbstwirksamkeit (SW) Verhaltensabsicht (VA) Vertrauen (V) Risiko (R)	TPB , IDT	RV→VA, K→VA, IE→VA, BG→VA, V→VA, R→VA, SW→VA
Pavlou (2002)	B2C Online Geschäfte	Vertrauen (V) Risiko (R) Nützlichkeit (N) Bedienungsfreundlichkeit (BF) Einstellung (E) Verhaltenskontrolle (VK) Verhaltensabsicht (VA)	TPB, TAM	V→E, V→VK, R→VK, BF→ N, N→E, E→VA, VK→VA

Tabelle 3: Überblick über empirische Studien zu TPB
Quelle: Eigene Darstellung

Wie aus der Tabelle ersichtlich wird, beweisen die grundlegenden Erkenntnisse der meisten Studien, dass die Modellvariablen Einstellung, subjektive Norm und Verhaltenskontrolle die Verhaltensabsicht oder das Verhalten bzw. Nutzung fördern. In Bezug auf das Ausnutzungs-verhalten eignet sich am besten das Deshopping-Modell von King et al. (2008) und King/Dennis (2006). Die Forscher haben empirisch bewiesen, dass die Verhaltensabsicht auf das Deshopping-Verhalten oft nur einen schwachen Einfluss aufweist (King/Dennis, 2006), wobei die Einflussdeterminanten Einstellung, subjektive Norm und wahrgenommene Verhal-tenskontrolle eine direkte Auswirkung auf das Deshoppingverhalten haben. Deswegen haben die Autoren in ihrem modifizieren TPB-Modell auf die Variable Verhaltensabsicht ganz verzichtet (s. Tabelle 3).

Abbildung 6 stellt das auf das Deshoppingverhalten angepasste TPB-Modell von King et al. (2008) dar, das folglich auf das Ausnutzungsverhalten der potenziellen Neukunden übertragen und im empirischen Teil überprüft wird.

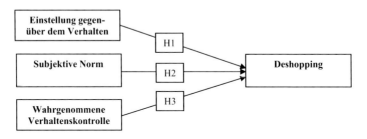

Abbildung 6: Das modifizierte TPB-Modell zur Prognose des Deshoppingverhaltens
Quelle: King et al., 2008, S. 191

Die Forschungsergebnisse haben gezeigt, dass sich alle drei Hypothesen (H1, H2, H3) über den direkten Zusammenhang zwischen den Modelldeterminanten und dem Deshoppingverhalten bestätigt haben (King et al., 2008, S.193).

Dieses modifizierte TPB-Modell stellt eine Grundbasis bei der Erstellung des Modells zur Analyse des Ausnutzungsverhaltens der Demarketingbeobachter, der Variablenauswahl und ihrer Operationalisierung dar. Allerdings wurden für die Anwendung im Bereich Ausnutzungsverhalten, das durch Demarketingmaßnahmen verursacht werden kann, einige Anpassungen des TPB-Modells vorgenommen. Neben den direkten Einfluss der drei Variablen (AT, SN, PBC) wird hier zusätzlich der Effekt der unterschiedlichen Kündigungsformen auf das Ausnutzungsverhalten überprüft. Abbildung 7 gibt die Übertragung der TPB auf das Ausnutzungsverhalten der Demarketingbeobachter sowie das Hypothesensystem wieder.

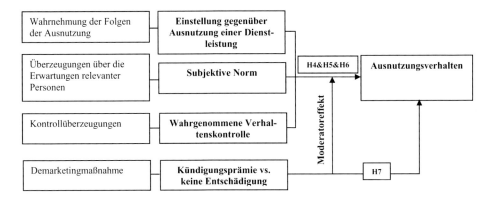

Abbildung 7:Übertragung der TPB auf das Ausnutzungsverhalten der Demarketingbeobachter
Quelle: Eigene Darstellung

Um das durch Demarketingmaßnahmen ausgelöste Ausnutzungsverhalten der potenziellen Neukunden vorhersagen zu können, müssen ihre Einstellungen gegenüber diesem Verhalten, die sich aus den Überzeugungen über die Konsequenzen der Ausnutzung einer Dienstleistung ergeben, gemessen werden. Daraus folgt die nächste Hypothese (H4):

H4: Die positive Einstellung gegenüber intensiver Nutzung einer Dienstleistung hat einen positiven signifikanten Einfluss auf das Ausnutzungsverhalten dieser Dienstleistung durch Demarketingbeobachter.

Des Weiteren spielen beim Ausnutzungsverhalten eines potenziellen Neukunden seine Überzeugungen über die Erwartungen wichtiger für ihn Referenzgruppen (Familienmitglieder, Freunde, Arbeitskollegen) eine besondere Rolle. Daher erscheint es sinnvoll, diesen Zusammenhang in einer weiteren Hypothese zu überprüfen:

H5: Die positive subjektive Norm gegenüber dem Ausnutzungsverhalten einer bestimmten Dienstleistung hat einen positiven signifikanten Einfluss auf das Ausnutzungsverhalten dieser Dienstleistung durch Demarketingbeobachter.

Die Höhe der Vorhersagevalidität des Ausnutzungsverhaltens wird durch Berücksichtigung des Leichtigkeitsgrades von Verhaltensausführung beeinflusst. Liegen z.B. keine technischen Schwierigkeiten bei der intensiven Nutzung einer Dienstleistung vor und existiert kein großes Risiko, erwischt zu werden, wird die Ausübung des Ausnutzungsverhaltens dadurch gefördert. Somit lässt sich folgende Hypothese formulieren:

H6: Die wahrgenommene Verhaltenskontrolle gegenüber dem Ausnutzungsverhalten einer Dienstleistung hat einen signifikanten Einfluss auf das Ausnutzungsverhalten dieser Dienstleistung durch Demarketingbeobachter.

Da in dieser Studie das Phänomen der unterschiedlichen Kündigungsformen und ihre Auswirkungen auf das Verhalten der Demarketingbeobachter untersucht wird, ist die Erweiterung der TPB auf eine weitere Variable Demarketingmaßnahme bzw. Kündigungsform erforderlich, Die zahlreichen Modifikationen und Anpassungen der TPB an unterschiedliche Forschungsbereiche in empirischen Studien (s. Tabelle 3) lassen die zusätzliche Aufnahme einer für die Untersuchung des Ausnutzungsverhaltens relevanten Einflussgröße zu. Die Erteilung einer zu hohen Kündigungsprämie an unprofitable Kunden kann eine negative Auswirkung auf die potenziellen Neukunden haben, indem sie „Heavyuser"-Kunde werden, die den Service mit der Absicht ausnutzen, um durch das Unternehmen gekündigt zu werden und eine Kündigungsprämie zu erhalten. Andersrum, wenn die Kündigung der unprofitablen Kunden nicht durch eine monetäre Kompensation sondern lediglich durch einen Entschuldigungsbrief kompensiert wird, wird die Absicht der Demarketingbeobachter, das Service auszunutzen, dadurch nicht gefördert. Somit lauten die zu überprüfenden Hypothesen:

H7a: Zu hohe monetäre Entschädigung zur Kündigung einer unprofitablen Kundenbeziehung fördert das Ausnutzungsverhalten einer Dienstleistung der Demarketingbeobachter.

H7b: Emotionale Entschädigung in Form von Entschuldigung zur Kündigung einer unprofitablen Kundenbeziehung verringert das Ausnutzungsverhalten einer Dienstleistung der Demarketingbeobachter.

Bevor jedoch die Erweiterung der Theorie des geplanten Verhaltens im empirischen Teil der Arbeit überprüft wird, ist es erforderlich, das Konzept der Kundenzufriedenheit und ihre Determinanten vorzustellen.

3 Kündigungsform als Determinante der Kundenzufriedenheit

Viele Unternehmen streben danach, die unzufriedenen Kunden nach einem Leistungsausfall und folgender Beschwerde zu behalten und bieten dafür oft eine Entschädigung in Form von monetärer Kompensation (Estelami, 2000). Zahlreiche Studien aus dem Beschwerdemanagement beweisen, dass die Geldentschädigung auf die Zufriedenheit der Kunden nach der Beschwerde viel effizienter wirkt als andere Reaktionen auf Beschwerden seitens Unternehmen wie Entschuldigung oder schnelle Beseitigung des Problems (Davidow, 2003; Estelami, 2000; Goodwin/Ross, 1992). Durch den konstruktiven Umgang mit Beschwerden kann ein Unternehmen aus einem unzufriedenen Kunden einen sehr zufriedenen Kunden machen und an sich noch stärker binden (Homburg et al., 1999, S. 177). Des Weiteren reduziert sich die negative Mund-zu-Mund-Propaganda der unzufriedenen Kunden und kann sogar in manchen Fällen in positive umgewandelt werden (Meffert/Bruhn, 1997, S. 95).

Die Schlussfolgerungen aus dem Beschwerdemanagement lassen sich in das Kündigungsmanagement übertragen. Analog der Beschwerdesituation ergeben sich nach der anbieterseitigen Kündigung unzufriedene Kunden, die die potenziellen Neukunden negativ beeinflussen können. So kann das negative Word-of-Mouth der ausgeschiedenen Kunden auf die potenziellen Neukunden durchaus abweisend wirken (Haas/Ivens, 2005; S.209). Somit besteht die Aufgabe des Kündigungsmanagements, bei der Kündigung der unprofitablen Kunden die passende Kündigungsform (z.B. Entschädigung in Form von Entschuldigung oder monetärer Kompensation) auszuwählen, damit sowohl die ausgeschiedenen Kunden als auch die potenziellen Neukunden zufrieden bleiben.

Im nächsten Kapitel werden die theoretischen Befunde des Konzeptes der Beschwerdezufriedenheit und unterschiedliche Formen der Kündigung dargestellt. Im Kapitel 3.2. wird die Prospekt-Theorie auf die Kündigungssituation übertragen und als Methode zur Messung der Zufriedenheit der Demarketingbeobachter erläutert.

3.1 Kompensationsformen und Beschwerdezufriedenheit der Kunden

Unter Beschwerdezufriedenheit versteht man die Kundenzufriedenheit mit der Reaktion des Unternehmens auf die Beschwerde dieses Kunden, die aufgrund von Unzufriedenheit mit der erbrachten Leistung entstanden ist (Stauss, 1999, S.222). Laut empirischen Untersuchungen erzählen unzufriedene Kunden über ihre negativen Erfahrungen dreimal häufiger als zufriedene Kunden über ihre positiven Erlebnisse weiter (TARP-Studie: Technical Assistance Research Programm, 1979, 1986; Scharioth, 1994, S. 182). Die bedeutsamen Konsequenzen der negativen Mund-zu-Mund-Propaganda sind auf einem Beispiel anschaulicher dargestellt. Angenommen bei 100 Kunden, von denen nur 30 unzufrieden sind, entstehen 300 negative und nur 210 positive Empfehlungen, obwohl der Anteil der zufriedenen Kunden (70%) deutlich den Anteil der unzufriedenen Kunden (30%) übertrifft (Scharioth, 1994, S.182).

Deswegen versuchen die Unternehmen nach der Beschwerde die verursachten Unannehmlichkeiten zu kompensieren, um ihre Kunden zufrieden zu halten. Davidow (2003) definiert Kompensation bzw. Entschädigung als materielle Zuwendungen oder Vergütung, die die Kunden von dem Unternehmen nach einem Beschwerdefall erhalten. Neben der Kompensation gibt es solche Begriffe wie Rückerstattung oder Wiedergutmachung (Hocutt et al., 2006; Mount/Mattila, 2000). In der vorliegenden Arbeit wird der Begriff Entschädigung verwendet, da es der umfassendste und der weit verbreitete Begriff ist (Gelbrich/Roschk, 2010). Laut der Studien aus dem Beschwerdemanagement (Boshoff, 1997; Gilly/Hansen, 1985; Estelami, 2000; Gelbrich/Roschk, 2010) existieren verschiedene Formen der Entschädigung. Sie können sich beispielsweise in der Höhe der Entschädigung unterscheiden. So wird die Entschädigung als eine einfache Kompensation (*simple compensation*) genannt, wenn der Preis des angebotenen Ersatzproduktes oder der Geldbetrag der Entschädigung bis zu dem Preis des zugefügten Schadens liegt. Ausgedrückt in Prozenten stellt die einfache Kompensation einen monetären Betrag in Höhe von maximal 100% des durch den Leistungsausfall verursachten Schadens dar, so dass für das Unternehmen keine Verluste entstehen. Übersteigt der Entschädigungsbetrag die Schadenshöhe, geht es um die Überkompensation (*overcompensation*). Dabei handelt es sich um eine Entschädigung, die über 100% des zugefügten Schadens liegt und für das Unternehmen eine Verlustsituation verursacht (Boshoff, 1997; Gilly/Hansen, 1985). Somit stellt die Überkompensation einen zusätzlichen Geldbetrag dar, der über die einfache Kompensationsform liegt.

Die meisten bisherigen Studien haben sich mit einer der beiden Kompensationsformen auseinandergesetzt. Es wurde beispielsweise die Analyse des Einflusses der einfachen Kompensationsform und der fehlenden Kompensation auf die Beschwerdezufriedenheit der Kunden durchgeführt. Dabei wurde festgestellt, dass die einfache Kompensation einen positiven signifikanten Einfluss auf die Beschwerdezufriedenheit hat (Hocutt et al., 1997; Worsfold et al., 2007). Empirische Studien, die die Wirkung der Überkompensation untersucht haben, haben keine eindeutige Effekte festgestellt: einige haben einen positiven Einfluss der Überkompensation auf die Beschwerdezufriedenheit bewiesen (Mattila/Patterson, 2004; Wirtz/Mattila, 2004), während die anderen Studien keinen signifikanten Zusammenhang entdeckt haben (Garrett, 1999), und die dritten sogar einen negativen Einfluss beobachten könnten

(Estelami/De Maeyer, 2002). Zusammenfassend lässt sich festhalten, dass die widersprüchlichen Forschungsergebnisse weitere empirische Untersuchungen erfordern.

Nur wenige Studien haben die Effekte der beiden Entschädigungsformen verglichen (Gilly/Hansen, 1985; Boshoff, 1997; Gelbrich/Roschk, 2010). So beweist die Studie von Gilly und Hansen (1985) signifikante Unterschiede bei prozentualer Verteilung der zufriedenen Kunden nach der Beschwerde, die keine Kompensation (4%), die eine 100%-Kompensation (23%) und die eine Überkompensation (54%) erhalten haben. Der Forscher Boshoff (1997) untersucht die Zufriedenheit nach Ausführung der kompensierenden Leistung nach dem Serviceausfall (*service recovery*). Er manipuliert verschiedene Entschädigungsformen und vergleicht dabei die Mittelwerte der Kundenzufriedenheiten davor und danach. Es wurde herausgefunden, dass es einen signifikanten Unterschied zwischen den Mittelwerten der fehlenden Kompensation (M=0,78), der einfachen Kompensation (M=3.03) und der Überkompensation (M=3,84) gibt.

In der Forschungsliteratur sind einige Theorien zur Messung der Beschwerdezufriedenheit zu finden. So erklären die *Confirmation/Disconfirmation-Paradigma* (C/D-Paradigma) und die *Theory of Distributive Justice* (Theorie der Verteilungsgerechtigkeit), warum die Entschädigung die Beschwerdezufriedenheit positiv beeinflusst.

Die Theorie der Verteilungsgerechtigkeit beschreibt die Effekte der Entschädigung auf Zufriedenheit (Mattila/Patterson, 2004; Smith et al., 1999). Im Mittelpunkt dieser Theorie steht das Streben der Kunden nach der Gerechtigkeit, die die Verteilung der Konsequenzen der Beschwerdesituation bedeutet.

Das Konzept des C/D-Paradigmas besteht im Vergleich zweier Zustände eines Kunden: Soll und Ist. Der Soll-Zustand bildet sich aus Kundenerwartungen bezüglich eines Produktes oder einer bestimmten Dienstleistung. Die tatsächliche Erfahrung mit der erbrachten Dienstleistung oder der erworbenen Ware stellt den Ist-Zustand eines Kunden dar. Der Vergleichsprozess beider Zustände kann entweder zu einer *confirmation* (Übereinstimmung) oder zu einer *disconfirmation* (Nicht-Übereinstimmung) führen. Entsteht eine *confirmation*-Situation, führt sie zu Kundenzufriedenheit. Im Falle der *disconfirmation* bleibt der Kunde unzufrieden. In der Studie von McCollough et al. (2000) wird das C/D-Paradigma auf der Situation der *Service Recovery* überprüft. Laut dem C/D-Paradigma bilden die Kunden im Fall eines Leistungsausfalls ihre Erwartungen bezüglich *service recovery performance* (Ausführung der kompensierenden Leistung nach dem Serviceausfall) (McCollough et al., 2000). Dies bedeutet, ein Beschwerender hat bestimmte Vorstellungen und Erwartungen, wie das Unternehmen mit seiner Beschwerde umgehen sollte. Werden diese Erwartungen durch die von Unternehmen ausgeführte Kompensation übertroffen, entsteht Beschwerdezufriedenheit. Stimmen die Erwartungen mit der Entschädigungsform überein, ist der Kunde indifferent. Wenn die Höhe der Entschädigung geringer als die Erwartungen ausfällt, entsteht Beschwerdeunzufriedenheit (Stauss, 1999, S. 223). Somit lässt sich die Beschwerdezufriedenheit eines Kunden mit Hilfe der unterschiedlichen Entschädigungsformen beeinflussen und die Unzufriedenheit in die Zufriedenheit nach der Beschwerde umwandeln (Stauss, 2000, S. 298 f.).

Zum ersten Mal wurden die Effektgrößen der einfachen Kompensation und der Überkompensation auf die Beschwerdezufriedenheit der Kunden in der Studie von Gelbrich und Roschk (2010) verglichen. Ihre Untersuchungen basieren auf der Prospekt-Theorie (PT) von Kahneman und Tversky, die in der Forschungsliteratur das bekannteste Konzept zur Entscheidungen unter Unsicherheit darstellt und somit das Verlustrisiko mitberücksichtigt. Die Autoren haben bewiesen, dass die Steigung der Zufriedenheit bei den Kunden mit der einfachen Kompensation viel steiler verläuft als bei den Kunden mit der Überkompensation. Daraus folgte eine wichtige Implikation für Unternehmen: da der Einfluss von einfacher Kompensation auf die Beschwerdezufriedenheit effizienter als der von der Überkompensation ist, sollten die Unternehmen auf die Überkompensation und die dadurch entstehenden zusätzlichen Kosten verzichten. Um diese Ergebnisse auf der Kündigungssituation zu überprüfen, wird die Prospekt-Theorie im empirischen Teil der Arbeit für die Analyse der Effekte der Entschädigungsformen bei der Kündigung unprofitabler Kunden angewendet. Die theoretischen Grundlagen und einige Bestandteile der Prospekt-Theorie werden im folgenden Kapitel erläutert.

3.2 Prospekt-Theorie

Die Prospekt-Theorie wurde 1979 von zwei Forschern Kahneman und Tversky entwickelt. Sie stellt die am meisten in der Forschungsliteratur akzeptierte deskriptive Entscheidungstheorie unter Risiko dar, die auf den zahlreichen empirischen Untersuchungen des menschlichen Verhaltens basiert. Der Kern der PT stellt eine Wertefunktion dar, die den Gewinn- und Verlustnutzen bezüglich eines Referenzpunktes bestimmt (Kahneman/Tversky, 1979, S. 265). Diese Funktion beschreibt die Zufriedenheit der Kunden in Abhängigkeit von positiven oder negativen Veränderungen. Abbildung 8 zeigt den hypothetischen Verlauf der Wertefunktion.

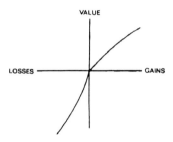

Abbildung 8: Hypothetische Wertefunktion
Quelle: Kahneman/Tversky, 1979, S. 279

Der Schnittpunkt der Achsen stellt den Referenzpunkt dar, in dem weder ein Gewinn noch ein Verlust entsteht. Alle Werte, die außerhalb dieses Punktes liegen, bedeuten eine Vermögens-änderung: die Position oberhalb des Referenzpunktes definiert eine Gewinnsituation, unter-halb – eine Verlustsituation. Wie es aus der Abbildung ersichtlich ist, verläuft die Funktion konkav im Bereich der Gewinne und konvex im Bereich der Verluste. Somit wiederspiegelt die Funktion die Risikobereitschaft der Menschen: in Gewinnsituation zeigen sich die Men-schen risikoscheu, in Verlustsituation dagegen risikofreudig. Der Verlauf der Wertefunktion besagt auch, dass das Leiden einer Person auf Grund negativer Veränderungen stärker ist, als ihre Freude bezüglich positiver Veränderungen (Kahneman/Tversky, 1979, S. 282). Das bedeutet, da das Leiden unter der Verlustsituation zu hoch ist, sind die Menschen bereit, viel mehr zu riskieren, nur um die Verluste zu vermeiden.

Die PT berücksichtigt am besten die Verzerrung des Entscheidungsverhaltens und individuel-ler Präferenzen unter Risiko oder aufgrund der geänderten Situation (Eisenführ/Weber, 2003; Fritzsche, 1986; Kahneman/Tversky, 1979; Tversky/Kahneman, 1992).

In der Studie von Gelbrich und Roschk (2010) wurde die PT für die Analyse der Effekte der unterschiedlichen Entschädigungsformen auf Beschwerdezufriedenheit nach dem Leistungs-ausfall angewandt. Der Hauptsatz der Prospekt-Theorie erklärt die Wirksamkeit einfacher Entschädigung versus Überkompensation. In der Abbildung 9 ist der Zusammenhang zwi-schen dem Kompensationsniveau und der Kundenzufriedenheit dargestellt. Den Schwellen-wert der Entschädigungsformen (*simple compensation* und *overcompensation*) repräsentiert der Punkt mit 100%-Ausgleich des durch *service failure* zugefügten Schadens. Laut der PT hängt das individuelle Entscheidungsprozess von der Höhe (v) der erwarteten Gewinne (g) und Verluste (l) ab. PT definiert den Wert als Vermögensänderung bezogen auf diesen Refe-renzpunkt: Gewinnsituationen stellen positive und Verluste negative Abweichungen (s. Ab-bildung 9). Der Referenzpunkt 0% stellt eine neutrale Ausgleichsituation für einen Kunden.

Gewinne und Verluste sind auf der horizontalen Achse und die Zufriedenheitsniveau der Kunden auf der vertikalen Achse abgebildet. Um die Relationen der Entschädigung zwischen Kunden und Unternehmen deutlich zu machen, haben die Autoren die zweite horizontale Achse zugefügt, die das Niveau der Entschädigung definiert: bis zum Referenzpunkt handelt es sich um *simple compensation*, der Referenzpunkt bedeutet 100%-Ausgleich des Schadens und ab Referenzpunkt liegt *overcompensation* vor.

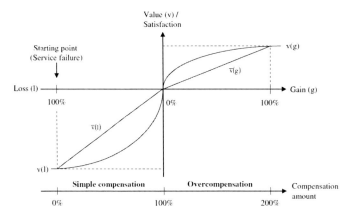

Abbildung 9: Zusammenhang zwischen dem Kompensationsniveau und der Kundenzufriedenheit
Quelle: Gelbrich/Roschk, 2010, S. 10

Simple compensation zielt darauf ab, die Verluste und Beschwerdeunzufriedenheit zu minimieren. Wenn die Entschädigung 100% ist, enthält ein Kunde als Ausgleich den Nennbetrag in Höhe vom Leistungsausfall. Im Fall der *overcompensation* bekommt der betroffene Kunde eine Entschädigung, die größer als 100% ist. Die Theorie besagt, dass die Wertfunktion für Verluste v(l) konvex verläuft, während die Wertfunktion für Gewinne v(g) konkav ist und somit die Verlustfunktion steiler als die Gewinnfunktion ist (Kahneman/Tversky, 1979).

Dieser Satz ist auch als Verlustaversion (*loss aversion*) bekannt. Die Verlustaversion führt dazu, dass Verluste Menschen stärker schmerzen als sie Gewinne in gleicher Höhe erfreuen. Übertragen auf die Beschwerdesituation bedeutet Verlustaversion, dass der durchschnittliche Verringerung der Unzufriedenheit durch Entschädigung in Höhe von ≤ 100% größer ist als die durchschnittliche Erhöhung der Zufriedenheit durch die Kompensation in Höhe von >100%. Die PT bietet eine Erklärung, warum die Überkompensation weniger als einfache Kompensation ausgeführt werden soll: Verlustaversion treibt die Kunden stärker auf die Reduzierung der Verluste (durch *simple compensation*) als auf Erhalten der Gewinne (durch *overkompensation*) anzustreben.

In der vorliegenden Studie wird die Prospekt-Theorie auf die Entschädigungsformen nach der Kündigung übertragen und der Effekt einer einfachen Kompensation, 100% Kompensation und Überkompensation beim Kündigungsfall der unprofitablen Kundenbeziehungen auf die Zufriedenheit der Demarketingbeobachter untersucht. Die Abbildung 10 zeigt die Übertragung der Prospekt-Theorie auf die Demarketingmaßnahmen, sowie die zu überprüfenden Zusammenhänge.

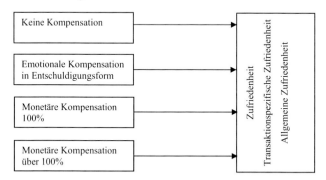

Abbildung 10: Übertragung der Prospekt-Theorie auf die Situation der Demarketingmaßnahmen
Quelle: Eigene Darstellung

Anlog der Studie von Gelbrich und Roschk (2010) wird in dieser Studie die Wirksamkeit der Prospekt-Theorie und die wichtigste Hypothese der Verlustaversion überprüft:

H8: Die durchschnittliche Verringerung der Unzufriedenheit durch Kompensation in Höhe von ≤ 100% ist größer als die durchschnittliche Erhöhung der Zufriedenheit durch die Kompensation in Höhe von > 100%.

Im nächsten Kapitel werden die im theoretischen Teil abgeleiteten Hypothesen mit Hilfe eines Experimentes überprüft und wichtigste Implikationen für Management und Forschung zusammengefasst.

4 Empirische Analyse

Um die anfangs aufgestellte Forschungsfrage - ob und inwiefern die verschiedenen Kündigungsformen das Verhalten potenzieller Neukunden beeinflussen - zu beantworten, werden drei Theorien überprüft, die die abgeleiteten Hypothesen darstellen. Im ersten Schritt wird der Gegenstand der Untersuchung erläutert und auf die Aufbau und Datengrundlage des Experimentes eingegangen. Folglich wird der Untersuchungsdesign und Operationalisierung der Variablen der Theorien zur Analyse des unerwünschten Kundenverhaltens (CES und TPB) und der Prospekt-Theorie zur Messung der Zufriedenheit der Demarketingbeobachter dargestellt. Anschließend werden die Ergebnisse der empirischen Analyse zusammengefasst.

4.1 Forschungsobjekt

Fast jedes Telekommunikationsunternehmen bietet eine Flatrate mit unbegrenzter Nutzungsdauer und Volumen beim Telefonieren und Surfen im Internet. Die Kunden, die diese Leistungen intensiv in Anspruch nehmen, sind im Unternehmen nicht gewünscht. Die Heavy-Internetsurfer und Vieltelefonierer verursachen einen negativen Wertbeitrag zur Gesamtkalkulation des Unternehmens und gelten somit als unprofitabel. Daher werden oft die „Poweruser" zurechtgewiesen, dass sie die Leistungen in außergewöhnlich hohem Maße nutzen. Sollte der Kunde das Telefonieren bzw. das Internetsurfen nicht reduzieren, fordert das Unternehmen ihn auf, die Kundenbeziehungen zu beenden. In diesem Fall veranlasst der Anbieter die Beziehungsbeendigung, während der Kunde selbst keine Auflösung der Geschäftsbeziehung wünscht (Bruhn, 2009, S. 95). Die Beendigung der unerwünschten Kundenbeziehungen aufgrund ihrer möglichen negativen Auswirkungen wird somit zu einem komplizierten Verfahren.

In dem vorliegenden empirischen Teil der Studie wird anhand der erläuterten Theorien das Verhalten der potenziellen Neukunden untersucht, die die Demaketingmaßnahme in Form von einer Kündigung der Kundenbeziehungen wegen übermäßiger Nutzung einer Internet-Flat für Handys beobachten. Es wird geprüft, ob die unterschiedliche Kündigungsformen die Zufriedenheit potenzieller Neukunden beeinflussen, oder die absichtliche Ausnutzung einer Internet-Flat für Handys bei den Demarketingbeobachtern auslösen können.

4.2 Aufbau und Datenerhebung der Untersuchung

Im Fokus der empirischen Untersuchung, die im Zeitraum von November bis Mitte Januar 2010 durchgeführt wurde, stand die Überprüfung der Wirkung der anbieterseitigen Kündigung unprofitabler Kundenbeziehungen und der damit verbundenen unterschiedlichen Entschädigungsformen auf das Verhalten der potenziellen Neukunden. Die Daten dieser Untersuchung wurden mittels einer Online-Umfrage erhoben. Auf einer siebenstufigen Likert-Skala wurden dann die geschlossenen Fragen zu den persönlichen Einstellungen der Befragten gegenüber der Ausnutzung einer Internet-Flat für Handys abgefragt.

Die Abbildung 11 stellt den Ablauf der Untersuchung dar. Nach einer kurzen Anleitung folgte der Fragebogen mit den geschlossenen Fragen und Aussagen mit bestimmten Antwortmöglichkeiten, so dass die Befragten nur auswählen könnten. Insgesamt wurden 51 Items im Fragebogen abgefragt. Die Manipulation eines Kündigungsfalls und unterschiedlicher Form der Entschädigung erfolgte mittels eines Zeitungsartikels mit jeweils unterschiedlichen Inhalten. Insgesamt sind fünf Zeitungsartikel zu unterscheiden:

1. Es hat keine Kündigung stattgefunden
2. Es ist eine Kündigung stattgefunden, jedoch ohne Entschädigung
3. Es ist eine Kündigung mit emotionaler Entschädigung in Form eines Entschuldigungsbriefes stattgefunden
4. Es ist eine Kündigung mit monetärer Entschädigung in Höhe von zwei Monatsbeiträgen für die Internet-Flat für Handys stattgefunden (100%er Ausgleich)
5. Es ist eine Kündigung mit monetärer Entschädigung in Höhe von vier Monatsbeiträgen für die Internet-Flat für Handys stattgefunden (Überkompensation).

Die Zuteilung, welcher Zeitungsartikel zur Anwendung kam, erfolgte nach einem Zufallsalgorithmus. Dadurch entstanden fünf Probandengruppen, deren Umfrageergebnisse untereinander verglichen wurden. Nach dem Manipulationscheck wurden nur ausgewählte Items erfragt. Die komplette Übersicht zu der Umfrage befindet sich im Anhang1.

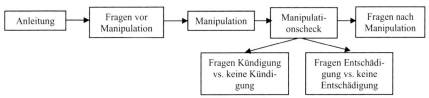

Abbildung 11: Ablauf der Online-Umfrage
Quelle: Eigene Darstellung

Im Rahmen der Untersuchung wurden die Probanden bezüglich ihrem Ausnutzungsverhalten und unethischen Verhalten gegenüber einem Dienstleistungsunternehmen, sowie ihrer Zufriedenheit abgefragt, nachdem sie über die Demarketingmaßnahme (Kündigungs- und ggf. Entschädigungsmaßnahme) der unprofitablen Kunden seitens eines unbekannten Telekommunikationsunternehmens „Mobile AG" gelesen haben. Die Entlassung der unerwünschten Kundenbeziehungen wurde aufgrund einer zu hohen Nutzung einer Internet-Flat für Handys durch die „Mobile AG" durchgeführt.

Eine Internet-Flat für Handys, mit der man unbegrenzt mobil im Internet surfen kann, wurde aus mehreren Gründen als das zu untersuchende Objekt ausgesucht. Da es bei der Untersuchung die Effekte der anbieterseitigen Kündigung gemessen werden sollen, muss es bei dem Produkt um eine kündbare vertragliche Beziehung handeln. Um die Auswirkungen der unterschiedlichen Kompensationsformen zu prüfen, soll das Unternehmen im Kündigungsfall die Entschädigung anbieten. In diesem Fall wird davon ausgegangen, dass es ein Unternehmensfehler vorliegt. Eine Flatrate stellt hiermit den perfekten Untersuchungsgegenstand dar, da sie unbegrenztes Telefonieren oder Surfen verspricht, in der Wirklichkeit aber kann das Unternehmen keine 24-Stündige Nutzung der Flatrate jedem Kunden gewährleisten. Somit liegt die Problemursache beim Unternehmen und nicht beim Kunden.

Ein solches Produkt wie Internet-Flat für Handys wurde zudem aus der Überlegung ausgewählt, weil die Verträge der Dauersurfer und Vieltelefonierer wegen übermäßiger und unüblicher Nutzung oft durch die Telekommunikationsanbieter in der Wirklichkeit gekündigt werden. Diese realitätsnahe Situation erleichtert den Probanden den Sachverhalt des Experiments schneller zu verstehen.

4.3 Datengrundlage und der Manipulation Check

Grundgesamtheit der Untersuchung bilden im wesentlichen Studenten und Berufstätige im Alter von 20 bis 60 Jahren, die über einen Internetzugang verfügen. Insgesamt wurden 704 Probanden im Laufe von 60 Tagen abgefragt. Davon haben 277 Personen den Fragebogen vollständig ausgefüllt. Zur Manipulation der Demarketing und der drei Entschädigungsformen wurden den Probanden verschiedene Artikelfortsetzungen (siehe Anhang) vorgelegt. Für 47 Probanden kam ein Zeitungsartikel ohne Kündigung, für 72 mit Kündigung ohne Kompensation, für 53 mit Kündigung mit Entschuldigung, für 53 mit Kündigung und monetärer Kompensation und für 52 mit Kündigung und einer Überkompensation zur Anwendung. Die Probanden haben durchschnittlich 13 Minuten gebraucht, um den gesamten Fragebogen zu beantworten.

Zur Überprüfung der Wirkung der Artikeltexte enthält der Fragebogen zwei Manipulation Checks für Kündigungsfall und Entschädigungsformen. Die Manipulation Checks überprüfen den Einfluss der Artikeltexte auf die subjektive Wahrnehmung einer Kündigungssituation bzw. einer Kündigung mit entsprechender fehlender oder stattgefundener Kompensation, was die Grundlage für deren Wirkung auf das Verhalten der Demarketingbeobachter darstellt. Um zu überprüfen, ob die Manipulation für Demarketing und Kompensationsformen gelungen ist, wurden Mittelwertvergleiche und die T-Tests bei unabhängigen Stichproben durchgeführt.

Manipulation für Demarketingmaßnahme wurde über ein Item *„Im gelesenen Zeitungsartikel hat der Mobilfunkanbieter Mobile AG seinen Kunden der Flatrate „Flat Surf" gekündigt"* auf einer Skala von 1 (stimme überhaupt nicht zu) bis 7 (stimme vollkommen zu) gemessen. In Tabelle 4 wird ersichtlich, dass die Mittelwerte für Kündigung versus keine Kündigung kaum voneinander abweichen, und der T-Test keinen signifikanten Unterschied erweist. Komplizierte Struktur und Formulierung des Artikeltextes kann der Grund des Missverständnisses sein: Der Anfang des Artikels ist für alle Probandengruppen gleich, in dem über die Kündigungsmaßnahmen im Allgemeinen berichtet wird, die Fortsetzungen dieses Artikels sind für jede Gruppe jedoch unterschiedlich. Die meisten Probanden haben zugestimmt, dass es eine Kündigungssituation vorliegt, da sie vermutlich die Kontrollfrage auf den Artikelanfang bezogen haben. Dieser Manipulation Check kann somit ausgeschlossen werden, da er keinen zusätzlichen Erklärungswert besitzt.

Kündigung	M	N	T-Test	Signifikanz	Sig. Niveau
Ja	5,23	47	-1,740	0,083	n.s.
Nein	5,77	230			

Tabelle 4: Manipulation Check für Kündigungssituation

Analog wurde Manipulation für Kompensationsformen im Kündigungsfall mit Hilfe eines Items *„In dem gelesenen Zeitungsartikel gab es eine Kompensation durch die Mobile AG"* auf einer Skala von 1 (stimme überhaupt nicht zu) bis 7 (stimme vollkommen zu) gemessen. Im ersten Schritt wurde geprüft, ob die Probanden die Situationen mit und ohne Kompensation auseinander halten konnten. T-Test zeigt einen hoch signifikanten Unterschied zwischen den Mittelwerten der Situationen mit fehlender und stattgefundener Kompensation (s. Tab.5).

Kompensation	M	N	T-Test	Signifikanz	Sig. Niveau
Ja	4,60	156	-9,185	0,000	***
Nein	1,70	71			

Tabelle 5: Manipulation Check für Kompensation

Um festzustellen, ob die Probanden einzelne Formen der Kompensation als solche verstanden haben, wurden die Mittelwerte der Kündigungssituation ohne Kompensation mit unterschiedlichen Kompensationsformen auf ihre Signifikanz verglichen. Tabelle 6 weist wesentliche Unterschiede auf. Außer der Kompensationsform Entschuldigung zeigt der T-Test einen signifikanten Unterschied zwischen den Kündigungsfällen mit und ohne Kompensation. Höchstwahrscheinlich haben die Probanden die Entschuldigung nicht als eine Kompensation empfunden. Die beiden Formen der monetären Entschädigungen wurden als Kompensation verstanden. Somit hat dieser Manipulation Check im wesentlich gelungen.

Kompensationsformen	Mittelwert	N	T-Test	Signifikanz	Sig. Niveau
Keine Kompensation	1,70	71			
Entschuldigung	2,10	52	-1,445	0,151	n.s.
Monetäre Kompensation	5,60	52	-13,336	0,000	***
Überkompensation	6,10	53	-16,069	0,000	***

Tabelle 6: Manipulation Check für Kompensationsformen mit der Kontrollgruppe *Keine Kompensation*

Die sozial-demografische Analyse der Stichprobe hat ergeben, dass das durchschnittliche Alter der Probanden beträgt 29,5 Jahre. Der Anteil der weiblichen Probanden liegt bei 55,6%. Der größte Teil der Befragten sind Studenten 62% und Angestellte 22% (s. Tabelle 7). Unterschiede hinsichtlich der Reaktion auf Demarketingmaßnahme zwischen den fünf Experimentalgruppen sollten demnach auf die Kündigungs- bzw. Entschädigungsform (und nicht auf unterschiedliche Stichprobenzusammensetzungen) zurückzuführen sein.

Variable	(0)	(1)	(2)	(3)	(4)
	(n=46)	(n=72)	(n=53)	(n=53)	(n=52)
Alter (M)	33,59	29,01	29,31	27,59	28,76
Geschlecht (% m/w)	46:54	42:58	46:54	37:63	45:55
Beruf (% Student/ Angestellter /Sonstige)	55:26:19	65:22:13	56:26:18	68:15:17	63:23:14

(0)Keine Kündigung (1) Kündigung ohne Kompensation (2) Kündigung mit Entschuldigung (3) Kündigung mit monetärer Kompensation 100% (4) Kündigung mit Überkompensation
M: Mittelwert

Tabelle 7: Verteilung soziodemografischer Merkmale in der Stichprobe

4.4 Empirische Analyse des unerwünschten Kundenverhaltens

Im Rahmen des ersten Teils der Untersuchung soll überprüft werden, ob und wie die Kündigung und die Kompensationsform anhand der CES- und TPB-Modelle auf das unethische Verhalten und Ausnutzungsverhalten der potenziellen Kunden auswirken. Es wird zunächst auf das Untersuchungsdesign und Operationalisierung der Variablen eingegangen. Nach der

Überprüfung der Kriterien für die Durchführung der Varianzanalyse werden die Ergebnisse dieses Teils der empirischen Studie präsentiert.

4.4.1 Untersuchungsdesign und Operationalisierung der Variablen

Als Untersuchungsmethode wurde ein univariates einfaktorielles Design herangezogen. Für das Experiment wurde *between subjekt design* verwendet. Jede Gruppe hatte unterschiedliche Ausprägungen der unabhängigen Variable (Demarketingmaßnahme), somit konnte man die Wirkung der unabhängigen Variable zwischen den Probandengruppen vergleichen (Rack/ Christophersen, 2006, S. 20 ff.; Brosius et al., 2008, S. 230 ff.). Um die Mittelwertdifferenzen von zwei verschiedenen Gruppen zu testen, wurde Varianzanalyse (ANOVA) oder T-Test für unabhängige Stichproben angewandt.

Nachdem das Forschungsdesign, die Datenbasis und Objekt der Untersuchung dargestellt wurden, schließt sich als nächster Schritt die Operationalisierung der Variablen an. Daraufhin wird auf die Reduktion der Variablenanzahl eingegangen. Die aggregierten Konstrukte werden mit Hilfe einer Reliabilitätsanalyse getestet und die Zusammenhänge zwischen Konstrukten anhand einer Korrelationsanalyse überprüft.

Als abhängige Variable wurde nach der CES-Theorie das unethisches Konsumentenverhalten mit Hilfe der modifizierten drei Items operationalisiert. Als Erhebungsinstrument dieser Variable empfehlen die Studien (Van Kenhove et al., 2003; Babakus et al., 2004; Mitchell et al., 2009) zur Messung des UCB die für eine bestimmte Situation angepassten Indikatoren zu nehmen. So wurde im Vorlauf der Fragebogenkonzeption eine Analyse der Variablen aus den englischsprachigen Studien zur Messung des UCB vorgenommen, um relevante Indikatoren festzustellen. Die UCB-Items wurden entsprechend dem Untersuchungsobjekt modifiziert, um den Probanden das Verständnis zu erleichtern und eine bessere Befragung zu ermöglichen (s. Anhang 2).

Um die Anzahl der Variablen zu reduzieren, wurde in einem weiteren Schritt mit Hilfe der Reliabilitätsanalyse überprüft, ob einzelne Items, die denselben Sachverhalt messen, zu Konstrukten aggregiert werden können. Tabelle 8 zeigt die Ergebnisse der Reliabilitätsanalyse für die relevanten Variablen. Da alle Cronbachs Alphas gleich oder über 0,7 sind, kann davon ausgegangen werden, dass die erhobenen Daten reliabel sind. Somit gerechtfertigten die ermittelten Werte das Zusammenlegen von den Items zu verschiedenen Konstrukten.

Konstrukt	N	Anzahl der Items	Cronbach Alpha
UCB	277	3	0,763
Ethische Einstellungen	277	6	0,722
Einstellung gegenüber dem Verhalten	277	3	0,699
Zufriedenheit	277	2	0,944

Tabelle 8: Reliabilitätsanalyse für die aggregierten Konstrukte

Für die unabhängige Variable ethische Einstellungen und ihre Ausprägungen ‚Kein Schaden, kein Betrug‘ und ‚Aktives Profitieren durch fragwürdiges Verhalten‘ wurde die im Kapitel 2.2 beschriebene Operationalisierung von Muncy und Vitell (1992) übernommen. Die Reliabilitätsprüfung ergab relativ niedrige Cronbach Alphas von jeweils 0,582 und 0,665, die durch Zusammenlegen aller 6 Items zu einem Konstrukt ethische Einstellungen auf einen Wert von 0,722 gesteigert werden konnte. Die komplette Übersicht über die Operationalisierung der Variablen ist im Anhang 2 dargestellt.

Um die Zusammenhänge zwischen den relevanten Konstrukten aufzuzeigen, wurde eine Korrelationsanalyse nach Pearson durchgeführt. Tabelle 9 und 10 zeigen, dass für CES-Modell solche Konstrukte wie ethische Einstellungen und UCB und für TPB-Modell solche Konstrukte wie Einstellungen, SN, PBC und Ausnutzungsverhalten hoch korreliert sind. Dagegen ist die Korrelation der manipulierten Variable Kündigungsform mit anderen Konstrukten statistisch nicht signifikant.

Konstrukt	M	Std.-Abw.	Korrelationskoeffiziente nach Pearson		
			Ethische Einstellungen	UCB	Kündigungsform
Ethische Einstellungen	3,724	1,319	1	**0,402**[**]	-0,062
UCB	3,335	1,706		1	0,013
Kündigungsform	1,97	1,374			1

M: Mittelwert
Std-.-Abw.: Standradabweichung
** Die Korrelation ist auf dem Niveau von 0,01 (2-seitig) signifikant.

Tabelle 9: Korrelationstabelle für relevante Konstrukte (CES)

Konstrukt	M	Std.-Abw.	Korrelationskoeffiziente nach Pearson				
			AT	SN	PBC	Ausnutzungsverhalten	Kündigungsform
AT	2,681	1,546	1	**0,269**[**]	**0,198**[**]	**-0,175**[**]	0,033
SN	4,56	1,836		1	0,078	**-0,196**[**]	0,043
PBC	3,12	1,925			1	-0,013	0,017
Ausnutzungsverhalten	2,7681	1,4489				1	0,032
Kündigungsform	1,97	1,374					1

M: Mittelwert
Std-.-Abw.: Standradabweichung
** Die Korrelation ist auf dem Niveau von 0,01 (2-seitig) signifikant.

Tabelle 10: Korrelationstabelle für relevante Konstrukte (TPB)

4.4.2 Überprüfung auf Erfüllung der Kriterien

Zunächst werden die Voraussetzungen der Normalverteilung der Grundgesamtheit und der Varianzhomogenität (vgl. Backhaus et al., 2006, S. 150) für die Zielgrößen UCB und Ausnutzungsverhalten überprüft. Zur Überprüfung der Stichprobe auf Normalverteilung wurde der Kolmogorov-Smirnov-Anpassungstest (KS-Test) für alle fünf Gruppen durchgeführt, dessen Ergebnisse in der Tabelle 11 und 12 zusammengefasst sind.

UCB	N	Kolmogorov-Smirnov-Z	Asymptotische Signifikanz (2-seitig)
Keine Kündigung	47	0,821	0,510
Einfache Kündigung	72	0,920	0,365
Kündigung mit Entschuldigung	53	1,340	0,055
Kündigung mit 100%em Ausgleich	53	0,793	0,555
Kündigung mit Überkompensation	52	0,739	0,645

Tabelle 11: KS-Test auf Normalverteilung des UCB

Ausnutzungsverhalten	N	Kolmogorov-Smirnov-Z	Asymptotische Signifikanz (2-seitig)
Keine Kündigung	47	1,093	0,183
Einfache Kündigung	72	1,238	0,093
Kündigung mit Entschuldigung	53	1,046	0,224
Kündigung mit 100%em Ausgleich	53	0,821	0,511
Kündigung mit Überkompensation	52	0,765	0,603

Tabelle 12: KS-Test auf Normalverteilung des Ausnutzungsverhaltens

Die Normalverteilung kann laut der durchgeführten Analyse für alle Gruppen angenommen werden, da die Signifikanzen größer als 0,05 sind und die Nullhypothese deswegen nicht verworfen werden kann. Allerdings befindet sich die Irrtumswahrscheinlichkeit bei der Gruppe *Kündigung mit Entschuldigung* mit 0,055 sehr nah zum Ablehnungsbereich der Nullhypothese, die eine Normalverteilung der Stichprobe annimmt. Daher wird im nächsten Abschnitt neben einer Varianzanalyse ein nichtparametrischer Test für den Mittelwertvergleich herangezogen, um sicherzustellen, dass die Ergebnisse nicht davon abhängig sind, ob die Stichproben normalverteilt sind oder nicht.

Um zu überprüfen, ob die Varianzen in der Grundgesamtheit in den relevanten Gruppen gleich sind, wird ein Signifikanztest der Levene-Test durchgeführt. Die Nullhypothese, dass die Gleichheit der Varianzen in der Grundgesamtheit vorliegt, kann aufgrund einer Irrtumswahrscheinlichkeit basiert auf dem Mittelwert von 0,670 für die Variable UCB und 0,606 für die Variable Ausnutzungsverhalten nicht verworfen werden (s. Tab.13 und 14). Es kann somit von homogenen Varianzen ausgegangen werden.

UCB	N	Levene-Statistik	df1	df2	Signifikanz
Basiert auf dem Mittelwert	277	0,182	1	275	0,670
Basiert auf dem Median	277	0,112	1	275	0,738

Tabelle 13: Levene-Test auf Varianzhomogenität des UCB

Ausnutzungsverhalten	N	Levene-Statistik	df1	df2	Signifikanz
Basiert auf dem Mittelwert	277	0,680	4	272	0,606
Basiert auf dem Median	277	1,359	4	272	0,838

Tabelle 14: Levene-Test auf Varianzhomogenität des Ausnutzungsverhaltens

Die eben durchgeführten Tests haben gezeigt, dass die erhobenen Daten alle Voraussetzungen der Varianzanalyse erfüllen und reliabel sind.

4.4.3 Ergebnisse

Um die Hypothesen des CES und des TPB zu überprüfen, wurde eine einfaktorielle ANOVA für die Experimentalgruppen (s. Kap. 4.2) durchgeführt. Im Rahmen des CES-Modells laute-te die Hauphypothese, dass sich die Manipulationen der Kompensationsformen unterschied-lich auf das unethisches Verhalten der potenziellen Neukunden auswirken. Ähnliche Hypo-these des TPB soll überprüfen, ob die Effekte einer Kompensation in Form von Entschuldi-gung und einer monetären Kompensation auf das Ausnutzungsverhalten der Demarketingbeo-bachter unterschiedlich sind.

CES Consumer Ethic Scale

Die relevanten Ergebnisse für die Hauphypothese des CES sind in der Tabelle 15 und 16 zusammengefasst. Neben der einfaktoriellen Varianzanalyse (ANOVA) wurde die univariate Varianzanalyse mit der abhängigen Variable unethisches Konsumentenverhalten durchge-führt. Die einfaktorielle ANOVA wurde für die drei Gruppen, die eine Kompensation beo-bachtet haben (Kündigung mit Entschuldigung, Kündigung mit monetärem Ausgleich und Kündigung mit Überkompensation), umgesetzt. Um die Ergebnisse zu überprüfen wurde die univariate Varianzanalyse für die zwei Gruppen, die eine Kompensation und die keine Kom-pensation beobachtet haben, realisiert.

Kompensationsform	M	N	F	Signifikanz	Sig. Niveau
Entschuldigung	3,3836	53	0,052	0,821	n.s.
Monetäre Kompensation	3,4654	53	0,378	0,539	n.s.
Überkompensation	3,3397	52	0,000	0,985	n.s.

Tabelle 15: Auswirkungen der Kompensationsform auf UCB (einfaktorielle ANOVA)

Quelle der Varianz	Quadratsumme	Df	F	Sig.
Korrigiertes Modell	1,363[a]	1	,467	,495
Konstanter Term	3003,080	1	1029,775	,000
Kompensation (ja/nein)	1,363	1	,467	,495
Fehler	801,968	275		

a. R-Quadrat = ,002 (korrigiertes R-Quadrat = -,002)

Tabelle 16: Univariate Varianzanalyse mit Kompensation zu unethischem Konsumentenverhalten als abhängige Variable

Die beiden Varianzanalysen haben gezeigt, dass der Unterschied zwischen drei bzw. zwei Gruppen nicht signifikant ist, und somit konnte die Hypothese 1 nicht bestätigt werden. Da die Normalverteilung für die Gruppe „Kündigung mit Entschuldigung" mit einer Irrtumswahrscheinlichkeit von 0,055 sehr nah zu der Grenze von 0,05 liegt, bei der die Nullhypothese, die eine Normalverteilung der Stichprobe annimmt, abgelehnt wird, wird zusätzlich ein nichtparametrischer Test zum Vergleich von Mittelwerten der unethischem Konsumentenverhalten zwischen zwei Gruppen (1=Kündigung mit Entschuldigung, 2=Kündigung mit monetärem Ausgleich) herangezogen. Die Ergebnisse des Kruskal-Wallis-H-Tests befinden sich in der Tabelle 17.

Konstrukt	MR(1)	MR(2)	N(1)	N(2)	Chi-Quadrat	Signifikanz	Sig. Niveau
UCB	52,17	54,83	53	53	0,200	0,654	n.s.

Signifikanzniveaus: ***p<0,01, **p<0,05, p<0,1, n. s.: nicht signifikant
N (1) / (2): Anzahl der beobachteten Fälle in der jeweiligen Experimentalgruppe
MR (1) / (2): Mittlerer Rang der Variablen in der jeweiligen Experimentalgruppe

Tabelle 17: Auswirkung der Variablen Kompensationsform (Kruskal-Wallis-Test)

Die Ergebnisse der einfaktoriellen ANOVA werden durch den nichtparametrischen Test bestätigt. Die geprüften Zusammenhänge sind bei den Variablen nicht signifikant. Somit wird das unethische Verhalten der Demarketingbeobachter durch die Kompensationsform bei der Kündigung der unprofitablen Kundenbeziehungen nicht beeinflusst. Die Haupthypothese findet in dieser Untersuchung somit keine Bestätigung.

Um das ethische Niveau der Demarketingbeobachter für die Hypothese 2 zu messen, sollte analog der Studie von Vitell und Muncy (1992) die ethische Konsumentenskala in drei Gruppen verteilt werden:

- Die erste Gruppe mit dem niedrigen ethischen Niveau (Skala 1 bis 3),
- die zweite Gruppe mit dem mittleren ethischen Niveau (Skala 3 bis 5),
- die dritte Gruppe mit dem hohen ethischen Niveau (Skala 5 bis 7).

Die Ergebnisse der Mittelwertvergleiche des UCB bei unterschiedlichen Ethikskalenniveaus sind in der Tabelle 18 dargestellt.

Ethische Skala	M	N	T-Test	Signifikanz	Sig. Niveau
Niedriges ethisches Niveau	2,5814	86	} 4,202	} 0.000	***
Mittleres ethisches Niveau	3,4640	148			
Hohes ethisches Niveau	4,4031	43	} 3,367	} 0,001	***

Tabelle 18: Mittelwertvergleich und T-Test des UCB

Die Varianzanalyse (einfaktorielle ANOVA) wurde in zwei Gruppen durchgeführt, die eine Kompensation und die keine Kompensation hatte. Tabelle 19 zeigt, dass in beiden Experimentalgruppen der signifikante Zusammenhang zwischen dem ethischen Niveau und dem UCB der Demarketingbeobachter herrscht.

Kompensation ja/nein	M	N	F	Signifikanz	Sig. Niveau
Keine Kompensation	2,578	118	11,928	0,000	***
Kompensation	2,571	157	8,326	0,000	***

Tabelle 19: Auswirkungen des CES auf UCB in zwei Gruppen (einfaktorielle ANOVA)

Der zu prüfende Zusammenhang zwischen dem ethischen Niveau und dem UCB der Demarketingbeobachter kann jedoch in den Gruppen verschieden sein. Dafür wurde der Moderatoreffekt der manipulierten Variable Kündigungsform mit Hilfe der Varianzanalyse überprüft. Die angenommene Interaktion der ethischen Einstellungen und der Kündigungsform konnte jedoch für UCB nicht bestätigt werden (s. Tab.20).

Quelle der Varianz	Quadratsumme	df	F	Signifikanz
Korrigiertes Modell	122,239[a]	14	3,359	0,000
Konstanter Term	2478,618	1	953,464	0,000
Ethische Einstellungen	90,258	2	17,360	0,000
Kündigungsform	6,876	4	0,661	0,619
Eth.Einstellungen* Kündigungs-form	14,384	8	0,692	0,699

a. R-Quadrat = ,152 (korrigiertes R-Quadrat = ,107)

Tabelle 20: Moderatoreffekt der Kündigungsform auf UCB

Die durchgeführten Tests und Analysen haben gezeigt, dass ethisches Niveau einen direkten Einfluss auf unethisches Konsumentenverhalten hat und die Kündigungsform keine Auswirkung darauf hat. Somit hat sich die Hypothese 2 des CES bestätigt.

Der Einfluss der demografischen Angaben (Geschlecht und Alter) auf das UCB wird mit Hilfe der Varianzanalyse und des T-Tests überprüft. Der mögliche Moderatoreffekt der Kündigungsform wird nach gleichem Prinzip gemessen. Tabelle 21 präsentiert den signifikanten Einfluss des Geschlechtes aus UCB. Obwohl die Mittelwertdifferenzen des UCB-Konstruktes zwischen Männern und Frauen nicht erheblich sind, besagt die hohe Signifikanz, dass die Männer eher dem unethischen Konsumentenverhalten neigen als die Frauen.

Konstrukt	M(w)	M(m)	N(w)	N(m)	T	Signifikanz	Sig. Niveau
UCB	3,0758	3,6638	154	117	2,875	0,005	***

Signifikanzniveaus: ***p<0,01, **p<0,05, p<0,1, n. s.: nicht signifikant
N (w) / (m): Anzahl der beobachteten Fälle in der jeweiligen Experimentalgruppe
M (w) / (m): Mittelwert der Variablen in der jeweiligen Experimentalgruppe

Quelle der Varianz	Quadratsumme	df	F	Signifikanz
Korrigiertes Modell	36,956[a]	9	1,441	0,171
Konstanter Term	2982,083	1	1046,703	0,000
Geschlecht	23,780	1	8,347	**0,004**
Kündigungsform	8,764	4	0,769	0,546
Geschlecht*Kündigungsform	5,442	4	0,478	0,752

a. R-Quadrat = ,047 (korrigiertes R-Quadrat = ,014)

Tabelle 21: Varianzanalyse des Geschlechts mit abhängiger Variable UCB

Analog wird die Überprüfung des Einflusses des Alters auf UCB durchgeführt. Es wird zwischen vier Altersgruppen unterschieden (s. Tab.22). Die Mittelwerte des UCB in unterschiedlichen Altersgruppen zeigen einen steigenden Verlauf. Je älter man wird, desto ethischer verhält sich der Mensch. Jedoch sind diese Mittelwerte nicht signifikant, deswegen kann das UCB durch das Alter nicht erklärt werden.

Alter	Mittelwert	N	T-Test	Signifikanz	Sig. Niveau
18-25	3,4750	120	0,852	0,895	n.s.
26-33	3,2741	90	0,132	0,395	n.s.
34-40	3,2267	25	0,639	0,526	n.s.
41-63	2,9412	34			

Tabelle 22: Mittelwertvergleich und T-Test, abhängige Variable UCB

Um den möglichen Interaktionseffekt zwischen der Determinante Alter und der manipulierten Variable Kündigungsform auf UCB zu messen, wurde eine Varianzanalyse durchgeführt (s. Tab. 23). Zwar liegt ein schwacher Interaktionseffekt zwischen dem Alter und der Kündigungsform auf UCB vor, der Alter alleine hat aber keinen signifikanten Einfluss auf UCB.

Quelle der Varianz	Quadratsumme	df	F	Signifikanz
Korrigiertes Modell	80,949[a]	19	1,546	,071
Konstanter Term	1817,822	1	659,840	,000
Alter	14,800	3	1,791	,149
Kündigungsform	5,616	4	,510	,729
Alter * Kündigungsform	60,000	12	1,815	**,046**

a. R-Quadrat = ,106 (korrigiertes R-Quadrat = ,037)

Tabelle 23: Moderatoreffekt der Kündigungsform auf abhängige Variable UCB

TPB Theory of Planned Behavior

Die Hypothesen des TPB wurden mit Hilfe der Varianzanalyse, sowie der linearen Regression überprüft. Es sollte geprüft werden, welche Variable einen Einfluss auf das Ausnutzungsverhalten der Demarketingbeobachter haben. Zunächst werden die Effekte der TPB-Einflussgrößen Einstellung gegenüber der Ausnutzung einer Internet-Flat für Handys, subjektive Norm und wahrgenommene Verhaltenskontrolle unter dem Moderatoreffekt von Kündigungsform gemessen. Mit Hilfe der Regressionsanalyse wird anschließend die Größe der Effekte der unabhängigen Variablen auf das Ausnutzungsverhalten gemessen. Die Haupthypothese besteht darin, dass die Kompensationsformen bei der Kündigung unprofitabler Kunden einen direkten Einfluss auf das Ausnutzungsverhalten der potenziellen Neukunden haben.

Zur Überprüfung des Zusammenhanges zwischen der Einstellung und dem Ausnutzungsverhalten, wurde als erstes die Skala der Variable Einstellung (1= stimme überhaupt nicht zu 7= stimme vollkommen zu) umgedreht. Die Determinante wurde in drei Gruppen unterteilt:

- Die erste Gruppe hat negative Einstellungen gegenüber dem Ausnutzungsverhalten einer Internet-Flat für Handys (umgedrehte Skala von 1 bis 3),

- die zweite Gruppe hat neutrale Einstellungen gegenüber dem Ausnutzungsverhalten einer Internet-Flat für Handys (umgedrehte Skala von 3 bis 5),

- die dritte Gruppe hat positive Einstellungen gegenüber dem Ausnutzungsverhalten einer Internet-Flat für Handys (Skala von 5 bis 7).

Wie aus der Tabelle 24 ersichtlich wird, zeigen die Mittelwerte des Ausnutzungsverhaltens der Gruppen mit negativen und positiven Einstellungen einen signifikanten Zusammenhang gegenüber der Gruppe mit neutralen Einstellungen. Dies bedeutet, wenn eine Person das Ausnutzungsverhalten einer Internet-Flat für Handys angenehm findet, wird sie ihr Verhalten auch entsprechend ausführen, und umgekehrt, ist die Person bezüglich des Ausnutzungsverhalten negativ eingestellt, wird sie wahrscheinlich die Dienstleistungen nicht ausnutzen.

Einstellungen	Mittelwert	N	T-Test	Signifikanz	Sig. Niveau
neg. Einstellung	2,7798	109	} 2,327	} 0,021	**
neutr. Einstellung	2,3072	83	} -4,392	} 0,000	***
pos. Einstellung	3,2029	85			

Tabelle 24: Mittelwertvergleich und T-Test des Ausnutzungsverhaltens

Um den Interaktionseffekt zu testen, wurden die Variablen Einstellung und Kündigungsform mit einander multipliziert. Die Ergebnisse der Varianzanalyse zeigen in der Tabelle 25, dass unterschiedliche Kündigungsformen keinen indirekten moderierenden Effekt auf das Ausnutzungsverhalten ausüben.

Quelle der Varianz	Quadratsumme	Df	F	Signifikanz
Korrigiertes Modell	49,214[a]	14	1,737	0,049
Konstanter Term	1980,228	1	978,543	0,000
Einstellung	33,608	2	8,304	**0,000**
Kündigungsform	11,064	4	1,367	0,246
Einstellung* Kündigungsform	4,010	8	0,248	0,981

a. R-Quadrat = ,085 (korrigiertes R-Quadrat = ,036)

Tabelle 25: Moderatoreffekt der Kündigungsform auf abhängige Variable Ausnutzungsverhalten

Somit wurde der Zusammenhang zwischen der Einstellung und dem Ausnutzungsverhalten bestätigt, ohne den zusätzlichen Effekt von der Kündigungsform.

Zur Überprüfung der nächsten Hypothese wurde die Einteilung der subjektiven Norm in drei Gruppen analog der Einstellung durchgeführt:

- Die erste Gruppe hat negative subjektive Norm gegenüber dem Ausnutzungsverhalten bzw. schwachen sozialen Druck durch Bezugspersonen gegenüber Ausnutzungsverhalten (Skala von 1 bis 3),

- die zweite Gruppe hat mittlere subjektive Norm bzw. mittleren sozialen Druck gegenüber dem Ausnutzungsverhalten (Skala von 3 bis 5),

- die dritte Gruppe hat positive subjektive Norm bzw. starken sozialen Druck das Ausnutzungsverhalten auszuüben (Skala von 5 bis 7).

Die Mittelwerte der SN zeigen steigende Werte auf. Ein signifikanter Zusammenhang existiert jedoch zwischen den Gruppen mit negativer und positiver SN (s. Tab.26). Dies bedeutet, dass der positive oder negative soziale Druck der Bezugsgruppe (Freunden, Verwandten) gegenüber dem Ausnutzungsverhalten einer Internet-Flat für Handys das Ausnutzungsverhalten einer Person beeinflusst.

Einstellungen	Mittelwert	N	T-Test	Signifikanz	Sig. Niveau
neg. SN	2,5921	133	-0,812	0,417	n.s.
neutr. SN	2,7400	100			
pos. SN	3,4167	42	2,494	0,014	**
neg. und pos. SN			-3,177	0,002	***

Tabelle 26: Mittelwertvergleich und T-Test des Ausnutzungsverhaltens

Anschaulich wird dieser Sachverhalt, wenn man sich die Abbildung 12 anschaut. Auf der X-Achse ist die subjektive Norm in ihren Ausprägungen (negativ, mittel und positiv) aufgetragen, auf der Y-Achse die geschätzte Randmittel der Variable Ausnutzungsverhaltens.

Abbildung 12: Einfluss der subjektiven Norm auf das Ausnutzungsverhalten

Den Moderatoreffekt der Kündigungsform ist in der Tabelle 27 dargestellt. Der hochsignifikanter Moderatoreffekt der Variablen subjektive Norm und Kündigungsform lässt behaupten, dass die bestimmte Kündigungsformen den Effekt der subjektiven Norm auf das Aunutzungsverhalten verstärken. Desweiteren wird auch überprüft, ob die einzelnen Kompensationsfor-men einen direkten Einfluss auf das Ausnutzungsverhalten haben.

Quelle der Varianz	Quadratsumme	df	F	Signifikanz
Korrigiertes Modell	131,699[a]	34	2,080	0,001
Konstanter Term	1521,069	1	816,599	0,000
SN	43,082	6	7,180	**0,001**
Kündigungsform	21,207	4	2,846	**0,025**
SN * Kündigungsform	93,568	24	2,093	**0,003**

a. R-Quadrat = 0,228 (korrigiertes R-Quadrat = 0,118)

Tabelle 27: Varianzanalyse mit der abhängigen Variable Ausnutzungsverhalten

Im nächsten Schritt wird der Einfluss der wahrgenommenen Verhaltenskontrolle auf das Ausnutzungsverhalten der Demarketingbeobachter hat. Hier wurde die Skala umgedreht und die Variable PBC in 3 Gruppen nach dem Niveau der Kontrolle über das Verhalten verteilt:

- Die erste Gruppe besitzt die geringe wahrgenommene Kontrolle über das Ausnut-zungsverhalten (umgedrehte Skala von 1 bis 3),

- die zweite Gruppe besitzt die mittlere wahrgenommene Kontrolle über das Ausnut-zungsverhalten (umgekehrte Skala von 3 bis 5),

- die dritte Gruppe besitzt die große wahrgenommene Kontrolle über das Ausnutzungs-verhalten (umgedrehte Skala von 5 bis 7).

Tabelle 28 und 29 zeigen, dass die geringe Mittelwertdifferenzen des Ausnutzungsverhaltens in den PBC-Gruppen, sowie der Interaktionseffekt des PBC und der Kündigungsform keine Signifikanz aufweisen. Somit kann die Hypothese bezüglich des direkten Einflusses der wahrgenommenen Verhaltenskontrolle über Ausnutzung der Internet-Flat für Handys verwor-fen werden.

PBC	Mittelwert	N	T-Test	Signifikanz	Sig. Niveau
geringe PBC	2,7770	74	} 0,751	} 0,454	n.s.
mittlere PBC	2,6042	72			
große PBC	2,8624	129	} -1,210	} 0,228	n.s.

Tabelle 28: Mittelwertvergleich und T-Test des Ausnutzungsverhaltens

Quelle der Varianz	Quadratsumme	df	F	Signifikanz
Korrigiertes Modell	42,270[a]	14	1,463	0,125
Konstanter Term	1784,720	1	864,957	0,000
PBC	3,462	2	0,839	0,433
Kündigungsform	8,998	4	1,090	0,362
PBC * Kündigungsform	26,700	8	1,618	0,120

a. R-Quadrat = ,073 (korrigiertes R-Quadrat = ,023)

Tabelle 29: Varianzanalyse mit der abhängigen Variable Ausnutzungsverhalten

Um den Effekt der zwei signifikanten Variablen (Einstellung und SN) auf das Ausnutzungsverhalten zu vergleichen, wurde eine Regressionsanalyse durchgeführt. Wie es aus der Tabelle 30 ersichtlich wird, hat die subjektive Norm gegenüber Ausnutzung der Internet-Flat für
Handys den stärksten Effekt auf das entsprechende Verhalten der Demarketingbeobachter.

	Nicht standardisierte Koeffizienten		Standardisierte Koeffizienten		
	Regressionskoeffizient B	**Standardfehler**	**Beta**	**T**	**Sig.**
Konstante	1,957	0,292		6,711	0,000
SN	0,155	0,047	0,196	3,290	**0,001**
Einstellung	0,179	0,104	0,103	1,919	**0,057**
PBC	0,010	0,045	0,014	0,227	0,821
Kündigungsform	0,044	0,063	0,041	0,698	0,486

a. Abhängige Variable: Ausnutzungsverhalten

Tabelle 30: Lineare Regressionsanalyse mit der abhängigen Variable Ausnutzungsverhalten

Die letzte Hypothese bezieht sich auf die Auswirkung der unterschiedlichen Kompensationsformen auf das Ausnutzungsverhalten der Demarketingbeobachter: Kündigung mit Entschuldigung (Gruppe 2) und Kündigung mit Überkompensation (Gruppe 4). Es wird angenommen,
dass die Kündigung mit Überkompensation das Ausnutzungsverhalten der potenziellen Neukunden zusätzlich fördert, und die Kündigung mit Entschuldigung bei den unprofitablen
Kunden zu einer Verringerung des Ausnutzungsverhaltens der Demarketingbeobachter führt.
In den Tabellen 31 und 32 sind die Ergebnisse der beiden Überlegungen dargestellt.

Kündigung mit Entschuldigung (2)	Mittelwert	N	Kündigung mit Über- kompensation (4)	Mittelwert	N
Nein	2,8460	224	nein	2,8460	224
Ja	2,4387	53	ja	2,4387	53

Tabelle 31: Mittelwerte des Ausnutzungsverhaltens im Vergleich

Konstrukt	M(2)	M(4)	N(2)	N(4)	T	Signifikanz	Sig. Niveau
Ausnutzungsverhaten	2,4387	3,0337	53	52	-2,248	**0,027**	**

Signifikanzniveaus: ***p<0,01, **p<0,05, p<0,1, n. s.: nicht signifikant
N (2) / (4): Anzahl der beobachteten Fälle in der jeweiligen Experimentalgruppe
M (2) / (4): Mittelwert der Variablen in der jeweiligen Experimentalgruppe

Tabelle 32: Mittelwertvergleich und T-Test des Ausnutzungsverhaltens

Kompensationsform	Quadratsumme	df	F	Signifikanz	Sig. Niveau
Entschuldigung (ja/nein)	7,110	1	3,417	**0,056**	*
Überkompensation (ja/nein)	4,516	1	2,160	0,143	n.s.

Tabelle 33: Auswirkungen der Kompensationsform auf Ausnutzungsverhalten (einfaktorielle ANOVA)

Obwohl sich die Mittelwerte des Ausnutzungsverhaltens der Gruppe *Kündigung mit Ent-schuldigung* und der Gruppe *Kündigung mit Überkompensation* signifikant voneinander unterscheiden, weisen die Ergebnisse der einfaktoriellen Varianzanalyse jedoch nur einen schwachen signifikanten Unterschied zwischen der Gruppe *Kündigung mit Entschuldigung* und anderen Gruppen. Die Kündigung mit Überkompensation scheint keinen Effekt auf das Ausnutzungsverhalten der Demarketingbeobachter zu haben.

4.5 Empirische Analyse der Zufriedenheit der Demarketingbeobachter

Im Rahmen der Prospekt-Theorie soll geprüft werden, ob sich die Effekte einer Kompensation mit Entschuldigung, monetärer Kompensation und Überkompensation in der Kündigungssitu-ation der unprofitablen Kundenbeziehungen auf die Zufriedenheit der Demarketingbeobachter unterscheiden. Die Hauptannahme der PT besteht in der Satz der Verlustaversion, die im Kapitel 3.2 detailliert erklärt wurde. In diesem exploratorischem Teil der Studie wird über-prüft, ob die durchschnittliche Verringerung der Unzufriedenheit durch Entschädigung in Höhe von $\leq 100\%$ größer ist als die durchschnittliche Erhöhung der Zufriedenheit durch die Kompensation in Höhe von >100%. Das Kapitel ist analog zum Kapitel 4.4 aufgebaut. Es wird zunächst auf das Untersuchungsdesign und Operationalisierung der Variablen eingegan-gen. Anschließend werden die Kriterien für die Durchführung der Varianzanalyse überprüft werden und die Ergebnisse der Studie dargestellt.

4.5.1 Untersuchungsdesign und Operationalisierung der Variablen

Für die Überprüfung dieser Hypothese sind vier Kompensationsformen erforderlich: (1) keine Kompensation, (2) einfache Kompensation, (3) 100% Kompensation, (4) Überkompensation. Da es bei einer Kündigung des Vertrages über Internet-Flat für Handys kompliziert ist, eine 100% Kompensation zu bestimmen, wurde eine wage hypothetische Annahme getroffen, dass die 100% Kompensation den zweimonatigen Beiträgen in Höhe von 50 EUR für die Internet-

Flat für Handys entspricht. Das Äquivalent zur Überkompensation wurde durch vier Monatsbeiträge in Höhe von 100 EUR erläutert. Somit haben sich folgende Experimentalgruppen ergeben:

- (1) Gruppe, die keine Kompensation beobachtet hat,
- (2) Gruppe, die eine Kompensation in Form von Entschuldigung beobachtet hat
- (3) Gruppe, die eine monetäre Kompensation in Höhe von 50 EUR beobachtet hat,
- (4) Gruppe, die eine Überkompensation in Höhe von 100 EUR beobachtet hat.

Die Zufriedenheit der Demarketingbeobachter wurde in der vorliegenden Untersuchung als abhängige Variable durch zwei Items operationalisiert:

Ich bin mit dem Service der Mobile AG zufrieden.

Ich bin mit der Mobile AG zufrieden.

Obwohl die Reliabilitätsanalyse eine sehr hohe Cronbach Alpha von 0,944 (s. Tab.8) für das Konstrukt Zufriedenheit ergab, wurde in dieser Untersuchung zwei Arten von Beschwerdezufriedenheit unterschieden: in einem engeren und in einem weiteren Sinne. Im engeren Sinne versteht man darunter „satisfaction with complaint handling" (Tax et al., 1998) oder „satisfaction with recovery" (Maxham/Netemeyer, 2003). Dieser Begriff erläutert die transaktionsspezifische Kundenzufriedenheit, die sich auf eine Transaktionsfolge mit einem bestimmten Produkt oder Dienstleistung bezieht (Olsen/Johnson, 2003). Im Hinblick auf Beschwerdefall bedeutet die transaktionsspezifische Zufriedenheit eines Kunden seine Beurteilung des Umgangs mit der Beschwerde nach dem Leistungsausfall. In dieser Untersuchung entspricht das erste Item der Transaktionszufriedenheit der Demarketingbeobachter.

Im weiteren Sinne beinhaltet die Beschwerdezufriedenheit die Gesamtbewertung der Zufriedenheit mit einem Produkt oder Dienstleistung (Worsfold et al., 2007) oder dem gesamten Unternehmen (McColl-Kennedy et al., 2003), die die Kunden nach der Bearbeitung der Beschwerde empfinden. Diese Definition entspricht der kumulativen oder allgemeinen Kundenzufriedenheit gegenüber der Gesamtleistung des Unternehmens (Johnson et al., 1995). In dieser Studie ist die allgemeine Kundenzufriedenheit mit dem zweiten Item dargestellt.

Zusammengefasst stellt Transaktionszufriedenheit das Ergebnis der Auswertung einer einzigen Beschwerde dar, während allgemeine Zufriedenheit eine umfassende Bewertung des gesamten Unternehmens präsentiert. Empirische Studien belegen, dass dieser Unterschied nicht nur konzeptionell existiert, sondern dass beide Konstrukte in der Tat anders auswirken können (Homburg/Fürst, 2005; Maxham/Netemeyer, 2002). Daher wurden in der vorliegenden Untersuchung beide Zufriedenheitsarten betrachtet. Aufgrund ihrer unterschiedlichen Konzepten, wird geprüft, ob der inkrementelle Effekt der Überkompensation und die Wirkung der einfachen Kompensation zwischen den beiden Zufriedenheitsarten unterschiedlich sind.

4.5.2 Überprüfung auf Erfüllung der Kriterien

Analog zur Studie der CES- und TPB-Modelle wurden zunächst die Kriterien für die Durchführung der Varianzanalyse überprüft. Im ersten Schritt wurden die Daten auf Normalverteilung und Varianzhomogenität überprüft. Die Ergebnisse des KS-Tests sind in der Tabelle 34 zusammengefasst. Die asymptotischen Signifikanzen für die Zielgröße Zufriedenheit liegen im größten Teil mit 0,078, 0,150 und 0,302 in den drei Experimentalgruppen über 0,05. Da diese Irrtumswahrscheinlichkeit nicht zu rechtfertigen ist, kann die Nullhypothese nicht verworfen werden. Die Daten dieser Gruppen sind somit im Bezug auf die Zielgröße normalverteilt. Ein signifikantes Ergebnis von 0,000 und 0,008 zeigt an, dass die Zielgröße in diesen Gruppen nicht normalverteilt ist und damit gegen die Voraussetzungen der Varianzanalyse verstößt. Da aber die Stichprobe in beiden Gruppen größer 50 ist, sind diese Abweichungen von Normalverteilung akzeptabel.

Zufriedenheit	N	Kolmogorov-Smirnov-Z	Asymptotische Signifikanz (2-seitig)
Keine Kündigung	47	1,273	0,078
Einfache Kündigung	72	2,043	0,000
Kündigung mit Entschuldigung	53	1,671	0,008
Kündigung mit 100%em Ausgleich	53	1,139	0,150
Kündigung mit Überkompensation	52	0,971	0,302

Tabelle 34: KS-Test auf Normalverteilung der Zufriedenheit

Für die Überprüfung der Varianzhomogenität wurden die Gruppen mit unterschiedlichen Kompensationsformen herangezogen, die für die weitere Analyse wichtig sind. Die Tabelle 35 zeigt, dass die Voraussetzung der Varianzhomogenität hier auch eingehalten wird.

Kompensationsformen	N	Levene-Statistik	df1	df2	Signifikanz
Entschuldigung	53	0,632	1	228	0,427
Monetärer Ausgleich	53	0,921	1	228	0,338
Überkompensation	52	0,129	1	228	0,720

Tabelle 35: Levene-Test auf Varianzhomogenität der Zufriedenheit

Weiterhin wurden die Zusammenhänge zwischen den relevanten Variablen mit Hilfe einer Korrelationsanalyse überprüft (s. Tab.36). Im Gegensatz zur Analyse der CES- und TPB-Modelle sind die Korrelationskoeffiziente in dieser Untersuchung für alle Variablen statistisch signifikant.

Konstrukt	M	Std.-Abw.	Korrelationskoeffiziente nach Pearson		
			Allg.Zufriedenheit	Trans.Zufriedenheit	Kündigungsform
Allgemeine Zufriedenheit	2,44	1,475	1	0,894**	0,170**
Transaaktionszufriedenheit	2,39	1,442		1	0,215**
Kündigungsform	1,97	1,374			1

M: Mittelwert
Std.-.-Abw.: Standradabweichung
** Die Korrelation ist auf dem Niveau von 0,01 (2-seitig) signifikant.

Tabelle 36: Korrelationskoeffizienten für die relevanten Variablen (PT)

Die eben durchgeführten Tests haben gezeigt, dass die erhobenen Daten alle Voraussetzungen der Varianzanalyse erfüllen und reliabel sind.

4.5.3 Ergebnisse

Zur Überprüfung der Hauphypothese der Prospekt-Theorie wurde auch hier auf eine einfaktorielle ANOVA zurückgegriffen. Die relevanten Ergebnisse der Mittelwertvergleiche und der Varianzanalyse sind in den Tabellen 37-39 zusammengefasst. Die Mittelwerte aller Kompensationsformen wurden mit der Kontrollgruppe *keine Kompensation* verglichen. Die einfaktorielle Varianzanalyse wurde einzeln für die Variable allgemeine Zufriedenheit und Transaktionszufriedenheit durchgeführt.

Kompensationsform	N	Allgemeine Zufriedenheit			Transaktionszufriedenheit		
		M	T	Sig.	M	T	Sig.
Entschuldigung	53	2,21	-1,425	0,157	2,13	-1,380	0,170
Monetäre Kompensation	53	2,57	-2,751	**0,007**	2,62	-3,295	**0,001**
Überkompensation	52	3,12	-5,230	**0,000**	3,12	-5,590	**0,000**

Signifikanzniveaus: ***p<0,01, **p<0,05, p<0,1, n. s.: nicht signifikant
N: Anzahl der beobachteten Fälle in der jeweiligen Experimentalgruppe
M: Mittelwert der Variablen in der jeweiligen Experimentalgruppe

Tabelle 37: T-Test und Mittelwertvergleich mit der Kontrollgruppe keine Kompensation

Quelle der Varianz	Quadratsumme	df	F	Signifikanz	R^2	KI (95%)
Entschuldigung	3,376	1	2,030	0,157	0,016	1,84/2,58
Monetäre Kompensation	14,578	1	7,569	**0,007**	0,058	2,14/2,99
Überkompensation	46,454	1	27,355	**0,000**	0,183	2,73/3,50

KI (95%)Konfidenzintervall: der erste Wert ist Untergrenze, der zweite Wert ist Obergrenze

Tabelle 38: Auswirkung der Kompensationsformen auf allgemeine Zufriedenheit (Oneway ANOVA)

Quelle der Varianz	Quadratsumme	df	F	Signifikanz	R²	KI (95%)
Entschuldigung	2,984	1	1,904	0,170	0,008	1,77/2,49
Monetäre Kompensation	19,694	1	10,858	**0,001**	0,081	2,20/3,04
Überkompensation	50,709	1	31,251	**0,000**	0,204	2,73/3,50

KI (95%)Konfidenzintervall: der erste Wert ist Untergrenze, der zweite Wert ist Obergrenze

Tabelle 39: Auswirkung der Kompensationsformen auf Transaktionszufriedenheit (Oneway ANOVA)

Die Ergebnisse der durchgeführten Auswertungen zeigen, dass die Manipulation auch hier erfolgreich war und die Mittelwertdifferenzen der Gruppen *monetäre Kompensation und Überkompensation* signifikant von der Gruppe *keine Kompensation* unterscheiden sowohl für die Variable allgemeine Zufriedenheit als auch für die Transaktionszufriedenheit. Die Nullhypothese, die keinen Zusammenhang zwischen der manipulierten Variablen und den Zufriedenheit annimmt, wird mit einer Irrtumswahrscheinlichkeit von 0,000 verworfen. Der geprüfte Zusammenhang zwischen der manipulierten unabhängigen Variablen und der beiden Arten der Zufriedenheit ist somit auf einem 1%-Signifikanzniveau zu bestätigen. Der Mittelwert Gruppe *Entschuldigung* scheint wie auch in der vorherigen Untersuchungen keine signifikanten Differenzen mit der Gruppe *keine Kompensation* zu haben. Dieses Ergebnis stimmt mit dem Manipulation Check (s. Kap.4.3) überein und bestätigt die Annahme, dass Probanden die Entschuldigung durch das Unternehmen nicht als eine Form der Kompensation empfunden haben.

Für bessere Anschaulichkeit sind die Zusammenhänge zwischen den Kompensationsformen und der Kundenzufriedenheit auf der Abbildung 13 dargestellt. Da die Ergebnisse der einfaktoriellen Varianzanalyse für die allgemeine Zufriedenheit und Transaktionszufriedenheit übereinstimmen, wurde aus Vereinfachungsgründen das aggregierte Konstrukt der beiden Zufriedenheitsitems verwendet.

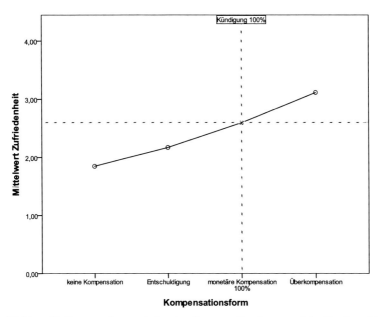

Abbildung 13: Zusammenhang zwischen dem Kompensationsformen und der Kundenzufriedenheit

Die Abbildung 13 zeigt, dass der Verlauf der Wertefunktionen bei der einfachen Kompensation (zwischen *Entschuldigung* und *monetärer Kompensation 100%*) und bei der Überkompensation (zwischen *monetärer Kompensation* und der *Überkompensation*) gleiche Steigungen hat, was der Grundidee der Prospekt-Theorie widerspricht.

Jedoch haben der T-Test und einfaktoreille ANOVA festgestellt, dass es kein signifikanter Zusammenhang zwischen einfacher Kompensation und der Zufriedenheit vorliegt. Die Mittelwerte beider Experimentalgruppen (*Entschuldigung* und *keine Kompensation*) unterscheiden sich nicht signifikant voneinander, d. h. die Auswirkungen der Manipulation der Kompensationsform *Entschuldigung* auf die Höhe der Kundenzufriedenheit sind in der vorliegenden Untersuchung zu vernachlässigen. Deswegen wird diese Form aus der Analyse ausgeschlossen und nur zwei Kompensationsformen (mit *100%er monetären Kompensation* und mit *Überkompensation*) betrachtet. Die Abbildung 14 zeigt, dass die Steigung der Zufriedenheit bis zu dem Referenzpunkt wesentlich steiler verläuft als die Steigung vom Stichpunkt bis zur Überkompensation. Mit anderen Worten erhöht sich die Zufriedenheit der Demarketingteilnehmer wesentlich stärker bei der Kompensation bis 100% als bei der Kompensation über 100%. Mit dem Ausschluss der Variable der Kündigung mit Entschuldigung hat sich die Hypothese der Prospekt-Theorie in diesem Experiment bestätigt.

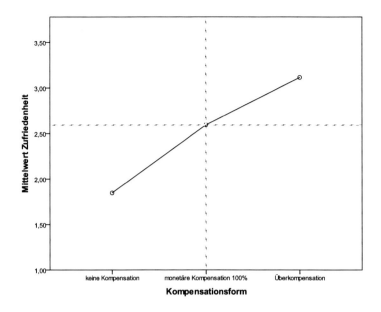

Abbildung 14: Zusammenhang zwischen der Kompensationsformen (außer Entschuldigung) und Zufriedenheit

Die Kurzfassung aus der Untersuchung im Rahmen der Prospekt-Theorie lässt sich folgenderweise formulieren: Obwohl die Manipulation der Kompensationsform Entschuldigung nicht erfolgreich war, haben die anderen Kompensationsformen einen signifikanten Einfluss auf die Höhe der Zufriedenheit der Demarketingteilnehmen gezeigt. Personen, die eine Fortsetzung des Artikels mit der Entschuldigung bekommen haben, sollten besser erklärt werden, dass es eine Kompensation vorlag. Auch wenn die Ergebnisse der Untersuchung nicht ganz zufriedenstellend sind, wird die Hypothese, die annimmt, dass die durchschnittliche Verringerung der Unzufriedenheit durch Entschädigung in Höhe von $\leq 100\%$ größer als die durchschnittliche Erhöhung der Zufriedenheit durch die Kompensation in Höhe von $> 100\%$ ist, nicht verworfen. Um diese Hypothese unanfechtbar/unbestreitbar aufrechtzuerhalten, sollte man bei der zukünftigen Forschung, die einfache Kompensation klarer definieren.

4.6 Zusammenfassung der wesentlichen Ergebnissen

Die Basis der durchgeführten Untersuchung ist die Manipulation der Kündigung und unterschiedlicher Kompensationsformen unter Verwendung selbst erstellter Artikeltexte. Auch wenn nicht alle Ergebnisse unsere Erwartungen im erwünschten Maß erfüllen konnten, so ist die eingehende Beschäftigung mit dieser Thematik eine wichtige Aufgabe. Das Erklärungsziel der vorliegenden Studie, das sich in den drei Theorien manifestiert, wird mit der empirischen Untersuchung erreicht. Drei Arten der Kompensationen bei der Kündigung unprofitabler Kundenbeziehungen durch einen Telekommunikationsunternehmen wurden definiert und ihren Einfluss auf das Verhalten und Zufriedenheit der potenziellen Neukunden untersucht. Diese Auswirkungen der Demarketingmaßnahmen liefern interessante Ergebnisse.

Die Ergebnisse der Analyse zu der CES-Theorie haben die Vermutung nicht bestätigt, dass das unethische Konsumentenverhalten der Demarketingbeobachter durch die Kündigungsformen beeinflusst werden kann. Das UCB wird am stärksten durch die allgemeinen ethischen Einstellungen der Konsumenten erklärt. Obwohl die weiblichen Probanden sich ethischer benehmen, ist der Unterschied zu den männlichen Probanden nicht wesentlich.

Die Ergebnisse der zweiten Untersuchung zu der TPB-Theorie haben dagegen gezeigt, dass das Ausnutzungsverhalten der Demarketingbeobachter durch die emotionale Kompensationsform Entschuldigung bei den ausgeschiedenen Kunden verringert werden kann. Die anderen Arten der Kompensation scheinen keinen Effekt auf das mögliche Ausnutzungsverhalten der potenziellen Neukunden zu haben. Darüber hinaus haben die Einstellungen gegenüber dem Ausnutzungsverhalten und der sozialer Druck in Form von Meinungen der Bezugspersonen aus dem Freunden- und Familienkreis einen signifikanten Einfluss auf die Ausführung des entsprechenden Verhaltens.

In der letzten explorativen Untersuchung wurde die Hauphypothese der Prospekt-Theorie nicht hundertprozentig erfüllt. Trotzdem wurde bewiesen, dass monetäre Kompensation und Überkompensation einen starken Einfluss nicht nur auf die Zufriedenheit der Demarketingbeobachter mit dem Umgang mit den unprofitablen Kunden, sondern auch auf die allgemeine Zufriedenheit mit dem gesamten Unternehmen aufweisen. Die Ergebnisse des empirischen Teils der Studie sind in der Tabelle 40 zusammengefasst:

Consumer Ethic Scale	Ergebnis	Methode
H1: *Das unethische Verhalten der Demarketingbeobachter wird durch die Kompensationsform bei der Kündigung unprofitabler Kundenbeziehungen beeinflusst.*	**Verworfen**	Mittelwertvergleich T-Test Univariate Varianzanalyse Einfaktorielle ANOVA
H2: *Das unethische Verhalten der Demarketingbeobachter wird durch ihre allgemeinen ethischen Einstellungen beeinflusst.*	**Angenommen**	Mittelwertvergleich T-Test Univariate Varianzanalyse Einfaktorielle ANOVA
H3a: *Das unethische Verhalten der Demarketingbeobachter wird durch die demografischen Daten (Geschlecht) beeinflusst.*	**Angenommen**	Mittelwertvergleich Varianzanalyse
H3b: *Das unethische Verhalten der Demarketingbeobachter wird durch die demografischen Daten (Alter) beeinflusst.*	**Verworfen**	Mittelwertvergleich Varianzanalyse
Theory of *Planned* Behaviour		
H4: *Die positive Einstellung gegenüber intensiver Nutzung einer Dienstleistung hat einen positiven signifikanten Einfluss auf das Ausnutzungsverhalten dieser Dienstleistung durch Demarketingbeobachter.*	**Angenommen**	Mittelwertvergleich T-Test Einfaktorielle ANOVA
H5: *Die positive subjektive Norm gegenüber dem Ausnutzungsverhalten einer bestimmten Dienstleistung hat einen positiven signifikanten Einfluss auf das Ausnutzungsverhalten dieser Dienstleistung durch Demarketingbeobachter.*	**Angenommen**	Mittelwertvergleich T-Test Einfaktorielle ANOVA
H6: *Die wahrgenommene Verhaltenskontrolle gegenüber dem Ausnutzungsverhalten einer Dienstleistung hat einen signifikanten Einfluss auf das Ausnutzungsverhalten dieser Dienstleistung durch Demarketingbeobachter.*	**Verworfen**	Mittelwertvergleich T-Test Einfaktorielle ANOVA
H7a: *Zu hohe monetäre Kompensation zur Kündigung einer unprofitablen Kundenbeziehung fördert das Ausnutzungsverhalten einer Dienstleistung der Demarketingbeobachter.*	**Verworfen**	Mittelwertvergleich T-Test Varianzanalyse
H7b: *Emotionale Kompensation in Form von Entschuldigung zur Kündigung einer unprofitablen Kundenbeziehung verringert das Ausnutzungsverhalten einer Dienstleistung der Demarketingbeobachter.*	**Angenommen**	Mittelwertvergleich T-Test Varianzanalyse
Prospect *Theory*		
H8: *Die durchschnittliche Verringerung der Unzufriedenheit durch Entschädigung in Höhe von $\leq 100\%$ ist größer als die durchschnittliche Erhöhung der Zufriedenheit durch die Kompensation in Höhe von $> 100\%$.*	**Angenommen**	Mittelwertvergleich T-Test Einfaktorielle ANOVA

Tabelle 40: Übersicht über die Ergebnisse der durchgeführten Untersuchung

Die Ergebnisse der vorliegenden Studie können dabei helfen, die Gründe des unethischen Konsumentenverhalten sowie Ausnutzungsverhalten der Demarketingbeobachter besser zu verstehen. Die vermuteten Differenzen der Zufriedenheitsniveaus der potenziellen Neukunden sind durch die Auswirkungen der unterschiedlichen Kompensationsformen der unerwünschten Kunden bestätigt worden. Die aus der Untersuchung gewonnenen Erkenntnisse können zur Verbesserung des Demarketingmanagements besonders der Dienstleistungsunternehmen genutzt werden.

5 Implikationen für das Management und die Forschung

Aus den beschriebenen empirischen Ergebnissen lässt sich einerseits eine Reihe von wirtschaftlich relevanten und für die Forschung und das Management interessanten Befunden formulieren. Andererseits bleiben viele Fragen bezüglich der Auswirkung von Demarketingmaßnahmen auf das Verhalten der potenziellen Neukunden offen. Das folgende Kapitel beschäftigt sich mit den Implikationen für die Unternehmen und die Wissenschaft. In Kapitel 5.1 wird auf die Einschränkungen der vorliegenden Studie und auf den weiteren Forschungsbedarf eingegangen. In Kapitel 5.2 werden die wichtigsten Implikationen für das Management diskutiert.

5.1 Einschränkungen der Untersuchung und Implikationen für die Forschung

Die Forschung bietet nur sehr wenige Untersuchungen im Bereich Demarketing. Da der vorliegende Beitrag den ersten Versuch einer empirischen Validierung der Demarketingmaßnahmen darstellt, können folgende Anmerkungen zu den vorliegenden Ergebnissen für die Wissenschaft von Interesse sein.

Die vorliegende Studie liefert interessante und grundlegende Erkenntnisse zum Verständnis der Wichtigkeit des Demarketingprozesses der unprofitablen Kundenbeziehungen und der Auswirkungen der unterschiedlichen Kündigungs- und Kompensationsformen auf das Verhalten der potenziellen Neukunden. An verschiedenen Stellen hinterlässt die Studie Lücken und bietet Anknüpfungspunkte für zukünftige Forschungsarbeiten.

In der vorliegenden Studie wurde nur die Reaktion der Demarketingbeobachter in Form des Ausnutzungsverhaltens und allgemeiner und transaktionsspezifischer Zufriedenheit untersucht. Es gibt aber noch viele andere Verhaltensaspekte wie negative Mundwerbung oder abnehmendes Vertrauen, die in den vorhandenen Forschungsarbeiten noch wenig analysiert worden und ergeben daher ein interessantes Forschungsfeld.

Im Rahmen der durchgeführten Untersuchung wurden Konsumenten nach der Wahrscheinlichkeit der Ausübung des Ausnutzungsverhaltens befragt. Ergebnisse der bisherigen Forschung weisen jedoch darauf hin, dass auf der Einstellungsebene gewonnene Erkenntnisse in keinem direkten Zusammenhang mit dem tatsächlichen Verhalten stehen (Mittal / Kamakura, 2001, S.139). Daher sollen in zukünftigen Forschungsarbeiten auch die Auswirkungen der Kundenentbindungsmaßnahmen auf das tatsächliche Ausnutzungsverhalten der potenziellen Neukunden untersucht werden.

In der vorliegenden Studie wird der Einsatz von Demarketing-Maßnahmen in einer einzigen Branche untersucht – Telekommunikation. Obwohl die Hypothesen aus allgemeinen verhaltenswissenschaftlichen Theorien hergeleitet wurden, ist die Generalisierung der Ergebnisse nur durch weitere empirische Studien in anderen Branchen möglich.

In dieser Untersuchung wurden unterschiedliche Kompensationsformen als einziger moderierender Einflussfaktor der Beziehung zwischen Kündigungsmaßnahme und dem Ausnutzungsverhalten und der Kundenzufriedenheit untersucht. Wissenschaftliche Literatur gibt jedoch Hinweise darauf, dass Produkt- und situatives Involvement einen moderierenden Einfluss auf die Wirkung der eingesetzten Maßnahmen haben können (Richins/Root/Schaffer, 1988, S. 32; v. Wangenheim, 2005, S. 314). Dies sollte durch weitere Forschung überprüft werden.

Bei der Überprüfung des Manipulation Checks der Kompensationsformen sowie der letzten Hypothese der Prospekt-Theorie sind wir auf das Problem gestoßen, dass die Probanden die Kompensationsform Entschuldigung als solche nicht empfunden haben. Deswegen könnten wir den Einfluss dieser Demarketingform nicht entsprechend messen. Angesichts dieses Ergebnisses soll in weiteren Forschungsarbeiten die Rolle von weiteren Kompensationsformen analysiert werden.

Eine weitere Herausforderung für die Forschung stellen alternative Demarketingformen dar. Dabei kann die Bezugnahme auf Konkurrenzanbieter eine mögliche Strategie beim Management unprofitabler Kunden darstellen, die einerseits dem Zweck der Entbindung unerwünschter Kunden dient, andererseits eine schwächere Form des Demarketings als vollständige Beendigung der Kundenbeziehung darstellt und somit mögliches Ausnutzungsverhalten der potenziellen Neukunden vermeiden lässt.

Aufgrund der geschilderten Gefahren bei dem Demarketing von Dienstleistungskunden erscheint es sinnvoll und notwendig, sich in Zukunft damit intensiv auseinanderzusetzen. Die dargestellten Herausforderungen werfen weitere Fragestellungen in Zusammenhang mit unterschiedlichen Demarketingformen auf.

5.2   Implikationen für das Management

Implikationen für die Anwendung lassen sich für die anbieterseitige Entbindung der unerwünschten Kunden ableiten. Der Anwendungszusammenhang wurde in der empirischen Untersuchung auf die Branche von Telekommunikationsunternehmen mit dem Produkt Internet-Flat für Handys eingegrenzt. Die festgestellten Effekte haben aber bestimmt nicht nur für Dienstleistungsunternehmen hohe Relevanz. Konkrete Implikationen betreffen das Kundenmanagement von Unternehmen und eröffnen Einblicke in ein effektives Exit-Management der unprofitablen Kundenbeziehungen in Bezug auf Ausnutzungsverhalten und Kundenzufriedenheit der Demarketingbeobachter.

Mit der Kündigung von unprofitablen Kunden zielt ein Anbieter darauf ab, die Beendigung der Geschäftsbeziehungen sorgfältig zu planen und umzusetzen, um negative Kommunikation zu vermeiden, die zum Abschrecken der potenziellen Kunden führen kann. Als notwendige Voraussetzung, um dieses Ziel zu erreichen, muss es einem Anbieter gelingen, mit Demarketingmaßnahmen der unerwünschten Kundenbeziehungen positive Reaktionen bei seinen neuen Kunden zu schaffen.

Die Ergebnisse dieser Studie zeigen, dass die Zufriedenheit der potenziellen Neukunden durch die monetäre Kompensationsformen erhöht werden kann. Sowohl die monetäre Kompensation mit 100%em Ausgleich des Kundenschadens als auch die Überkompensation bewirken die Steigung der Zufriedenheit der Demarketingbeobachter mit dem gesamten Unternehmen und dem Umgang mit der Kündigungssituation. Interessant dabei ist, dass eine geringere monetäre Kompensation im Vergleich zu der Überkompensation eine stärkere Steigung der beiden Kundenzufriedenheitsarten verursacht. Es lässt sich daraus ableiten, dass die geringe monetäre Kompensation bei der Kündigung der unprofitablen Kunden effizienter auf die Zufriedenheit der potenziellen Neukunden auswirkt.

Die weitere wichtige Implikation für das Kündigungsmanagement besteht darin, dass die einfache Kompensation in Form eines Entschuldigungsbriefes das Ausnutzungsverhalten der Demarketingbeobachter verringert. Manager solle also bei der Entbindung der unprofitablen Kunden diese kostengünstige Form der Kündigung auf jeden Fall verwenden.

6 Fazit

Diese Studie gliedert sich in fünf Kapitel. Der Einleitung in die Themenstellung schließt sich mit den Kapiteln 2 und 3 ein theoretischer Teil an, auf dem der empirische Teil in Kapitel 4 aufbaut. Anschließend sind die konzeptionellen Implikationen der empirischen Ergebnisse für Management und Forschung in Kapitel 6 dargestellt. Im Folgenden werden das Vorgehen und die wesentlichen Erkenntnisse aus den theoretischen und den empirischen Teilen zusammengefasst.

Das Ziel dieser Studie besteht darin, die Besonderheiten und mögliche Folgen des Einsatzes der Demarketingmaßnahmen bei den unprofitablen Kundenbeziehungen zu erklären und auf ihre einzelne Auswirkungen auf das Verhalten und Zufriedenheit potenzieller Neukunden empirisch zu untersuchen. Die anfangs gestellte Forschungsfrage, ob die unterschiedlichen Kündigungsformen das Verhalten und Zufriedenheit der potenziellen Neukunden determiniert, wurde mit Hilfe der Untersuchungen, die sich auf drei Theorien basieren, überprüft. Um die Differenzen bei der Auswirkungen der Demarktingmaßnahmen beobachten zu können, wurden unterschiedliche Kompensationsformen manipuliert. Die Auswirkungen der Manipulation wurden sowohl auf das Ausnutzungsverhalten und unethisches Konsumentenverhalten der potenziellen Neukunden als auch auf die Höhe ihrer Zufriedenheit untersucht.

Die empirische Analyse hat ergeben, dass die Kompensationsformen Entschuldigung, monetäre Kompensation und Überkompensation unterschiedliche Reaktionen bei den Probanden anstoßen. Während sich die Probanden durch die Manipulation der Kündigungsform Entschuldigung beim Ausnutzungsverhalten beeinflussen lassen, scheint die monetären Kompensationsformen keine Auswirkung auf das Ausnutzungsverhalten zu haben. Dagegen weist die Manipulation der monetären Kompensationsformen einen positiven Einfluss auf die allgemeine und transaktionsspezifische Zufriedenheit der Demarketingbeobachter auf.

Praktische Implikationen der Ergebnisse für das Demarketingmanagement wurden aus der Perspektive der Anbieter abgeleitet. Damit kann die Forschungsfrage folgenderweise beantwortet werden: die Kompensationsform Entschuldigung bei der Kündigung unprofitabler Kundenbeziehungen vermindert das Ausnutzungsverhalten der potenziellen Neukunden; die monetären Kompensationsformen erhöhen die Zufriedenheit der Demarketingbeobachter, wobei die Steigung der Zufriedenheit bei der Kompensation bis zu 100% höher ist, als die bei der Kompensation über 100%. Demnach wurde die Überkompensation als die ineffizienteste Kompensationsform bei der Kündigung unerwünschter Kunden definiert.

Aus diesen Ergebnissen können wichtige Implikationen für die Praxis abgeleitet werden. Für Unternehmen ist eine kostengünstige Demarketingform der unprofitablen Kunden, bei der sich die ausgeschiedenen Kunden nicht ungerecht behandelt fühlen und die die potenziellen Neukunden nicht abschreckt, von großer Bedeutung. Daher sollen mehrere Kompensationsformen und ihre Auswirkungen untersucht werden. Die empirischen Ergebnisse vorliegender Studie zeigen, dass die Kompensationsformen Entschuldigung und monetärer Ausgleich in Höhe von 100% das optimale Ergebnis liefern. In weiteren Forschungsarbeiten sollten die anderen möglichen Kompensationsformen wie z.B. alternative Vertragsangebote und die Kompensation unter 100% untersucht werden.

IV. Anhang

V. Literaturverzeichnis

Alajoutsijärvi, Kimmo/Möller, Christian/Tähtinen, Jaana (2000): Beautiful exit: how to leave your business partner, in: European Journal of Marketing, Vol. 34 No. 11/12, S. 1270-1289.

Al-Khatib, Jamal A./Vitell, Scott J./Rawwas, Mohammed Y. A. (1997): Consumer Ethics: A Cross-Cultural Investigation, in: European Journal of Marketing, Vol. 31 No. 11/12, S. 750–767.

Backhaus, Klaus/Erichson, Bernd/Plinke, Wulff/Weiber, Rolf (2006): Multivariate Analysemethoden. Eine anwendungsorientierte Einführung, 11. Auflage, Springer-Verlag.

Bruhn, Manfred (2009): Relationship Marketing. Das Management von Kundenbeziehungen, 2.Aufl., München.

Finsterwalder, Jörg (2002): Beendigung von Kundenbeziehungen durch den Anbieter, in: Albers, S./Hassmann, V./ Somm, F./ Tomczak, T.(Hrsg.): Verkauf, Kundenmanagement, Vertriebssteuerung, E-Commerce, Düsseldorf, CD-ROM, Abschnitt 1.12.

Günter, Bernd/Helm, Sabrina (2003): Die Beendigung von Geschäftsbeziehungen aus Anbietersicht, in: Rese, M./Söllner, A./Utzig, B.P.(Hrsg.): Relationship Marketing. Standortbestimmung und Perspektiven, Berlin/Heidelberg, S. 45-70.

Haas, Alexander/Ivens, Björn (2005): Innovatives Marketing, Entscheidungsfelder – Management – Instrumente, GWV Fachverlage, Wiesbaden.

Helm, Sabrina/Rolfes, Ludger/Günter, Bernd (2006): Suppliers Willingness to End Unprofitable Customer Relationships, in: European Journal of Marketing, Vol. 40, No. 3/4, S. 366-383.

Jolson, Marvin (1974): Consumers as Offenders, in: Journal of Business Research, Jan, S. 89-98.

Kahneman, Daniel/Tversky, Amos (1979): Prospect Theory: An Analysis of Decision under Risk, in: Econometrica, Vol. 47, No. 2.

Kotler, Philip/Levy, Sidney J. (1971): Demarketing, yes, demarketing, in: Harvard Business Review, Vol. 79, No. 6, S. 74-80.

Lovelock, Christopher. H. (1994): Product Plus: How Product and Service Equals Competitive Advantage, McGraw-Hill, New York.

Lucco, Andreas (2008): Anbieterseitige Kündigung von Kundenbeziehungen Empirische Erkenntnisse und praktische Implikationen zum Kündigungsmanagement, Wiesbaden.

Muncy, James/Vitell, Scott J. (1992): Consumer Ethics: An Investigation of the Ethical Beliefs of the Final Consumer, in: Journal of Business Research, Vol. 24, No. 4, S. 297-311.

Pressey, Andrew D./Mathews, Brian P. (2003): Jumped, Pushed or Forgotten? Approaches to Dissolution, in: Journal of Marketing Management, Vol. 19, No. 1/2, S. 131-155.

Rawwas, Mohammed Y. A. (1996): Consumer Ethics: An Empirical Investigation of the Ethical Beliefs of Austrian Consumers, in: Journal of Business Ethics, Vol. 15, S. 1009–1019.

Rawwas, Mohammed Y. A./Patzer, Gordon L.(1995): Consumer Ethics in Cross-Cultural Settings, in: European Journal of Marketing, Vol. 29, No.7, S. 62–79.

Rawwas, Mohammed Y. A./Patzer, Gordon L./Klassen, Michael L. (1995): Consumer Ethics in Cross-cultural Settings: Entrepreneurial Implications, in: European Journal of Marketing, Vol. 29, No.7, S. 62–78.

Rawwas, Mohammed Y. A./Patzer, Gordon L./Vitell, Scott J.(1998): A Cross-Cultural Investigation of the Ethical Values of Consumers: The Potential Effect of War and Civil Disruption, in: Journal of Business Ethics, Vol. 17, S. 435–448.

Stauss, Bernd (1997): Regaining Service Customers. Costs and Benefits of Regain Management, Diskussionsbeitrag der Wirtschaftswissenschaftlichen Fakultät Ingolstadt, No. 86, Ingolstadt.

Tomczak, T./ Reinecke, S./ Finsterwalder, J.(2000): Kundenausgrenzung: Umgang mit unerwünschten Dienstleistungskunden, in: BRUHN, M./STAUSS, B. (Hrsg.): Dienstleistungsmanagement Jahrbuch 2000. Kundenbeziehungen im Dienstleistungsmanagement, Wiesbaden 2000, S. 400-421.